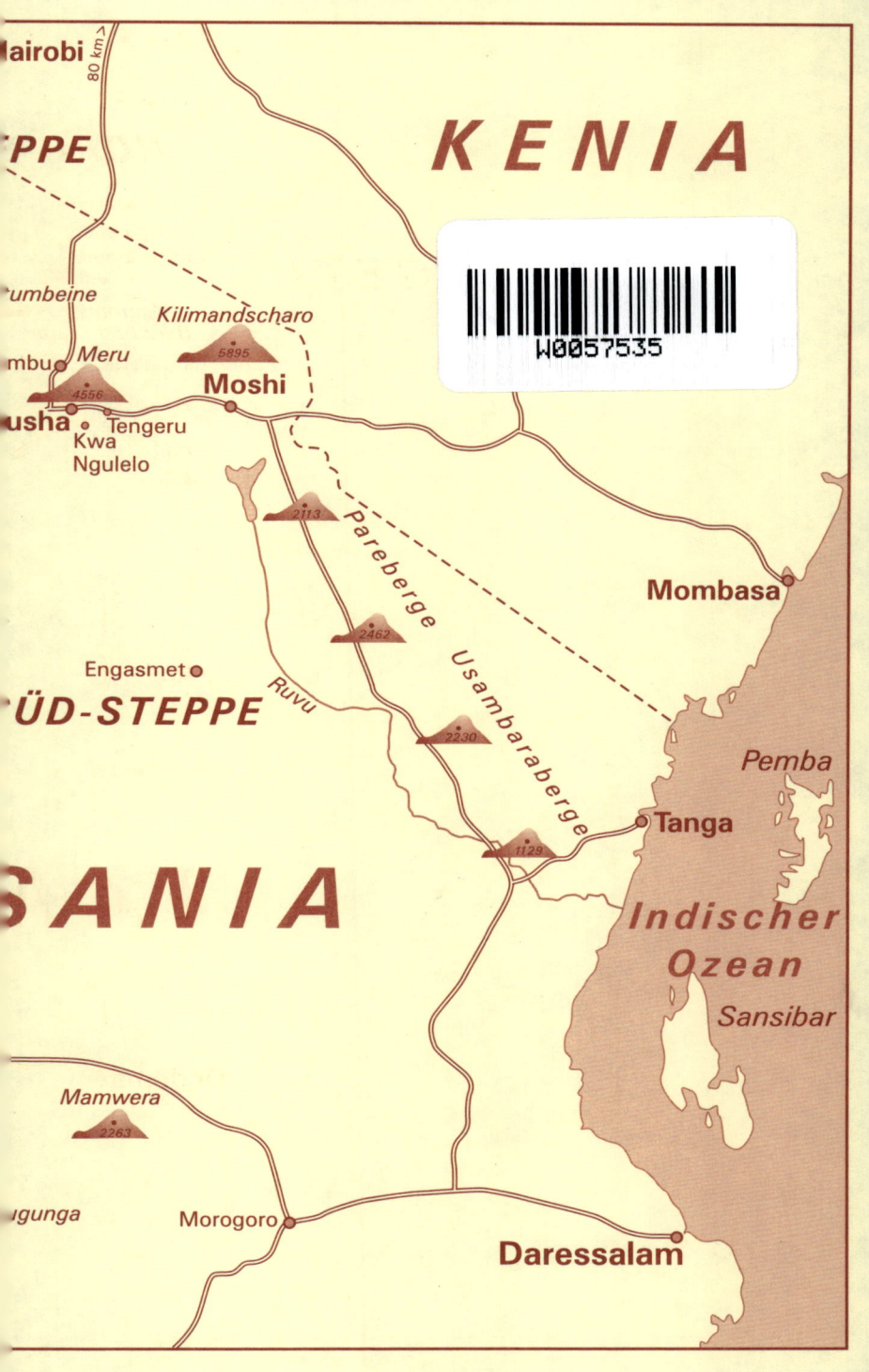

Hanna Schott

Steppenkinder

Ein Wiedersehen mit Mama Massai

BRUNNEN

VERLAG GIESSEN·BASEL

Das Glaubensbekenntnis auf S. 32
folgt der Vorlage des „African Creed",
wie es sich bei Vincent J. Donovan, „Christianity Rediscovered",
Orbis, New York 2005, S. 148 findet,
frei übertragen von Hanna Schott

FSC
Mix
Produktgruppe aus vorbildlich
bewirtschafteten Wäldern und
anderen kontrollierten Herkünften

Zert.-Nr. SGS-COC-1940
www.fsc.org
© 1996 Forest Stewardship Council

© 2008 Brunnen Verlag Gießen
www.brunnen-verlag.de
Umschlagfotos: Mauritius (oben); Angelika Wohlenberg (unten);
Christoph Sörensen (U4)
Landkarte: Thomas Münzer, Marburg
Umschlaggestaltung: Ralf Simon
Lektorat: Petra Hahn
Satz: DTP Brunnen
Druck: GGP Media GmbH, Pößneck
ISBN 978-3-7655-1902-4

6.0S   C. Geiger

Inhalt

Zurück ins Massailand

"Sind Sie gut zurückgekommen aus Afrika?" Mein Optiker ist wirklich aufmerksam und hat sich gemerkt, wofür ich die Sonnenbrille gekauft habe.

"Ja, danke. Es war eine gute Reise. Nur meine Brille hat etwas gelitten."

Während der Fachmann schraubt, erhitzt und biegt, unterhalten wir uns ein bisschen.

"Wie geht's denn denen da unten?", fragt er freundlich.

Denen da unten? Wen meint er? Die Massai, die ich besucht habe? Die Afrikaner im Allgemeinen? Die Menschen auf der südlichen Halbkugel überhaupt? Ich schlucke kurz.

"Eigentlich geht es denen so wie uns hier oben", sage ich schließlich. "Manchen so und manchen so. Verglichen mit uns sind viele allerdings schlechter dran und besser drauf."

"Ach", sagt mein Optiker und hält meine Brille mit sorgenvollem Blick gegen das Licht. "Sagen Sie mal – sind Sie vielleicht mit einer Giraffe zusammengestoßen?"

Eigentlich wissen wir es ja: Es gibt sie nicht, *die Afrikaner*. Auch nicht *die Massai*. Und erst recht nicht *die christlichen Massai*. So wie es nicht *die Europäerin* oder *den fröhlichen rheinischen Optiker* gibt. Jedenfalls findet sich niemand gern in Schubladen wieder.

Nachdem mein erstes Buch über Angelika Wohlenberg und die Massai erschienen war, haben mir die Leser viele Fragen gestellt: "Was macht denn so ein Massaimädchen, wenn es zur

Schule gegangen ist? Das will doch sicher nicht mehr, dass sein Vater es gegen Kühe einem Bräutigam überlässt, den es noch nie gesehen hat!" – „Behält ein Massaikrieger, der Christ wird, eigentlich nur eine Frau und schickt alle ‚Überzähligen‘ in die Steppe? Das geht doch irgendwie auch nicht …" Fragen, die nicht leicht zu beantworten waren. Schließlich ist jede Lebensgeschichte anders, auch in der Steppe Nordtansanias. Aber ich wollte gerne antworten. Nicht mit einer sachbuchmäßigen Aufzählung von Fakten, sondern indem ich Lebensgeschichten erzähle, Menschen vorstelle, die mit ihrem Leben diese Fragen so oder so beantworten.

Ich bin also noch einmal nach Tansania gereist und habe „nachgeschaut". Mich mit jungen und alten Massai unterhalten und ihre Geschichten gehört. Habe Freundschaften geschlossen und nicht zuletzt gegessen, gesungen und gefeiert. Denn „die da unten" sitzen nicht den ganzen Tag vor ihrer Hütte und beklagen ihr schweres Schicksal. Sie arbeiten, sie lachen, sie lieben ihre Kinder und kümmern sich um ihre Eltern. Sie kaufen und verkaufen, erzählen sich Witze und Gruselgeschichten, feiern und tanzen, machen sich Geschenke und werden beschenkt, nehmen Abschied und trauern. Alles auf ihre Art und mit ihren Mitteln, aber nicht weniger fröhlich oder traurig als „wir hier oben" – oder vielleicht doch etwas fröhlicher und trauriger als wir? Jedenfalls immer mit ganzem Herzen und ganzem Körper. Sinnlich, emotional, mit Haut und Haar.

Die Porträts, die so entstanden sind und die Sie in diesem Buch finden, verdanke ich der Offenheit, die meine Gesprächspartner mir entgegengebracht haben, und letztlich dem Vertrauen, das sie in Angelika Wohlenberg setzen, in deren „Geleitzug" ich unterwegs war. Dass manche Geschichten abgewandelt und einige Namen verändert wurden, geschah zum Schutz und auf Wunsch der porträtierten Person, in einigen Fällen aber auch aus Respekt denen gegenüber, die als „Nebenfiguren" vorkommen und die ich nicht persönlich kennenlernen konnte.

Ich danke allen, die mir ihre Geschichte anvertraut haben, und natürlich auch Angelika Wohlenberg und Jutta Roedig, ohne die mein Leben nun schon um allerhand Abenteuer und zwei Bücher ärmer wäre. Wertvolle Hintergrundinformationen konnte ich drei Doktorarbeiten über die christliche Mission bei den Massai entnehmen. Dafür danke ich Joseph Wilson Parsalaw, einem Arusha-Massai und Dozenten an der Theologischen Hochschule in Makumira, sowie Pfarrerin Christel Kiel aus Wolfenbüttel und Pfarrer Moritz Fischer aus Neuendettelsau, die beide lange Zeit in Tansania gelebt und gearbeitet haben. Auch Pfarrer Jan-Philipp Strelow aus Ascheberg danke ich für seinen fachkundigen Rat.

„Wichtig ist nicht, wo du bist, sondern was du tust, wo du bist", sagt ein ostafrikanisches Sprichwort. „Da unten", „hier oben" – eine gute „Lesereise" zwischen den Welten wünscht

Hanna Schott

PS: Alles, was Ihnen spanisch vorkommt, ist wahrscheinlich Kimassai oder Kisuaheli. Eine Liste mit Sach- und Worterklärungen finden Sie auf S. 168-172.

1
Das wird ein Fest!

35 Ziegen   20 Hühner
600 kg Reis   200 kg Zucker
100 kg Tee   40 Holzbänke
100 Plastikstapelstühle   50 Bastmatten
30 Getränkekästen à 24 Flaschen   200 Plastikteller
6 Dosen löslicher Kaffee   6 Dosen Milchpulver
5 Bettgestelle   6 Zweimann-Zelte
20 Meter Vorhangstoff
So viele Solarlampen, wie wir kriegen können
10 Plastikeimer mit Wasserhahn
20 Schaumstoffmatratzen, dicke und dünne

Angelika schreibt den Einkaufszettel.

Was braucht man noch, um mitten in der Steppe ein richtig großes Fest zu feiern?

Ach ja: ungefähr 100 Plastikblumen, es soll am großen Tag ja auch alles festlich aussehen. Kräftig bunte Farbtupfer im einheitlichen Ocker der Steppe können nicht schaden. Und wenn sie aus Plastik sind, kann man sie an Weihnachten und Ostern wieder verwenden.

Noch zwei Wochen bis zum letzten Schultag vor den Winterferien. Die beginnen am 3. August, denn Tansania liegt südlich des Äquators. Mittags steht die Sonne im Norden, an Weihnachten ist es unerträglich heiß, und der August ist der

9

kälteste Monat. Am 3. August also soll die Schule in Malambo offiziell eingeweiht werden. Eigentlich gibt es sie schon seit eineinhalb Jahren, aber jetzt hat sie auch eigene Gebäude. An vielen Orten in Afrika werden nach und nach aus „Baumschulen" „Steinschulen". Wo es heiß und trocken ist, denkt man bei Schule nicht zuerst an ein Haus. Man kann sich morgens ja auch unter einem Baum treffen. Der Lehrer stellt sich mit der Tafel so, dass er noch im Schatten steht, und dann kann es losgehen: Lesen, Rechnen und Singen. Da die Kinder keine Hefte, Tafeln und Stifte haben, muss das Schreiben leider ausfallen. Also alles mündlich, alle zusammen und im Chor gerufen: „Vier mal drei ist –?" – „Zwölf!" Vierzig Kinder rufen die Antwort. Vielleicht sind es auch nicht vierzig, sondern nur dreißig, die es wissen. Aber die anderen hängen sich blitzschnell an.

„Was steht hier?" – „Mwalimu (Lehrer)!"

„Und was heißt das?" – „Shule (Schule)!"

Dass die Kinder gerade ihr erstes deutsches Wort gelernt haben, fällt keinem auf. Die deutschen Kolonisatoren haben in Tansanias Schulsystem kaum Spuren hinterlassen, aber immerhin zwei zentrale Wörter: *Shule* und *Kindergarten*.

So eine Schule im Freien hat jedoch einige Nachteile: Bei Regen fällt sie aus. Und ständig werden die Kinder abgelenkt. Ziegen und Hühner kommen zu Besuch, und natürlich wollen die kleinen Geschwister am liebsten mit dabei sein.

Auch in Malambo wurde bisher improvisiert. Der Unterricht fand je nach Raumangebot und Wetterlage mal hier und mal dort statt. In zwei Wochen soll damit Schluss sein. Dann werden eigene Gebäude eingeweiht: ein Kindergarten, sechs Klassenräume, ein Lehrerzimmer, ein Toilettenhaus und eine Schulküche. Die Häuser liegen großzügig über ein weites Gelände verstreut – wer in der Steppe baut, kennt keine kleinlichen Grundbuchverwalter und pingeligen Baugenehmigungserteiler. Und das heißt auch: „Schulhof", so weit das Auge reicht!

Natürlich muss das gefeiert werden. Und wenn schon gefeiert, dann auch richtig. Wer nach Malambo reist, braucht nämlich auch jetzt, wo es trocken ist, nach Verlassen der Teerstraße noch etwa fünf Stunden auf der Sandpiste – wenn er denn ein Auto hat und eine Karte, auf der dieser Ort verzeichnet ist. Das macht man nicht für drei Ansprachen, sieben Grußworte und eine Tasse Ingwer-Tee. Und wer zu Fuß quer durch die Steppe läuft, hat erst recht Strapazen hinter sich, die mit einem Stück Ziegenfleisch und einer Cola belohnt werden müssen.

Wenn Angelika nur wüsste, wie viele Leute kommen. Vierhundert? Achthundert? Tausend? Oder noch mehr? Und für wie viele Leute reicht eine Ziege? Die meisten Wazungu, also die Weißen, essen ja nur das Fleisch vom Rumpf und von den Beinen der Ziege. Vom Kopf und allem, was fettig ist, halten sie nichts. Und von einer Suppe, in die einfach alles kommt, erst recht nicht. Lunge, Milz und Schwanz wissen sie gar nicht zu schätzen. Dann sollen sie eben ein bisschen mehr Reis und Kochbananen essen, das macht auch satt. Dass es nach dem Essen einen richtigen Kaffee mit gut abgekochtem Wasser gibt, wird sie trösten.

Angelika sitzt vor ihrem neuen Haus in Tengeru. Hier, wo der Weg langsam zum Mount Meru ansteigt, ist das Klima ganzjährig gut zu ertragen. Im Winter, vor allem im Juli, kann es sogar empfindlich kalt werden, zwölf oder sogar zehn Grad. Dafür bleibt es aber selbst im Hochsommer, also in der Weihnachtszeit, immer schön grün. Gegen die Kälte hilft Angelika ein offener Kamin. So viel Luxus muss im Alter sein. Und

jetzt, wo es heiß ist, sitzt sie im Schatten des Leberwurstbaums, der im Hof steht. Der Baum heißt tatsächlich so, und
jeder weiß: Man sollte sich unbedingt nur in seinen Schatten,
aber nicht unter den Baum selbst setzen, wenn man nicht von
einer der mehr als fünf Kilo schweren, leberwurstförmigen
Früchte erschlagen werden will. Schmecken tun sie nicht, aber
man kann sie zum Bierbrauen verwenden, und angeblich hilft
der Extrakt, den man aus ihnen gewinnen kann, sogar gegen
Rheuma und Bandwürmer.

Was muss noch auf die Einkaufsliste? – Ein Duschvorhang.
Denn bei allem, was noch unklar ist: Der deutsche Botschafter hat sein Kommen schon angekündigt. Mit seiner Frau will
er von Daressalam nach Malambo reisen. Die beiden sind
welterfahren und wissen vermutlich, worauf sie sich einlassen.
Aber sie sind nicht mehr die Jüngsten, und außerdem ist es
nicht mehr als recht und billig und ganz und gar afrikanisch,
Ehre zu erweisen, wem Ehre gebührt. Und dazu gehört, dass
wichtigen Menschen ein Minimum an Privatsphäre zugestan-
den wird. Zum Beispiel durch einen Duschvorhang. Aber wo
kann man den kaufen? Oder was sonst könnte als Duschvorhang dienen? Angelika umkringelt den Posten auf der Liste
und verziert ihn mit einem großen Fragezeichen.
    Und Strom. Der gehört eigentlich nicht auf die Einkaufslis-
te, aber man darf ihn trotzdem auf keinen Fall vergessen. Malambo liegt fern aller Stromleitungen, aber es gibt auf dem
Compound, dem, was man früher die Missionsstation nannte,
einen kleinen Generator, der nur mal wieder repariert werden
müsste. Dann hätte man abends ein bisschen mehr Licht, als
die Solarlampen hergeben. Außerdem wäre die Festveranstal-
tung sicher weniger anstrengend, wenn man ein Mikro und
einen Lautsprecher einsetzen könnte.

Zwei Kühe wären auch nicht schlecht. Die könnte man hinter dem Haus anbinden, und wenn sich herausstellen sollte, dass deutlich mehr Gäste kommen als erwartet, kurz vor dem Festakt noch schlachten. Am besten nur eine, aber wenn es sein muss, auch beide. Dieser Posten dürfte nämlich teuer werden. „Aktueller Kuhpreis?", schreibt Angelika rechts neben die Liste.

Was noch? – Diesel. Es ist schön, wenn viele Gäste kommen. Aber es ist auch sehr schön, wenn nach dem Fest alle genug Diesel im Tank haben, um wieder nach Hause zu fahren. Da baut man lieber vor. 200 Liter dürften genügen, weitsichtige Leute kommen ja vielleicht auch mit vollen Reservekanistern.

Angelika lehnt sich zurück, betrachtet die seltsamen Früchte des Leberwurstbaums und seufzt. Fast 25 Jahre lebt sie jetzt schon in Afrika, und sie hat das Gefühl, es gibt nichts, was sie nicht schon erlebt hätte. Als Hebamme hat sie unzählige Kinder mit zur Welt gebracht. Als Sister Angelika hat sie sie geimpft. Als „Mama Massai" hat sie einen Kindergarten, eine Schule und ein Internat gegründet. Als LKW-Fahrerin hat sie alles transportiert, was auch der geschickteste Afrikaner nicht mehr auf sein Fahrrad schnallen kann: komplette Hauseinrichtungen und Zeltstädte, aber oft auch Särge. Als Lehrerin hat sie Gesundheitsseminare durchgeführt und immer wieder erklärt, warum man auch bei großem Wassermangel wenigstens die Augen waschen muss und dass Aids kein Gerücht, sondern eine Krankheit ist, die man unbedingt ernst nehmen sollte. Als Missionarin hat sie Puppentheater gespielt, gepredigt, gesungen, gebetet und Rat gegeben. Das alles nicht fein säuberlich nach Arbeitsbereichen und Dienstzeiten getrennt, sondern gleichzeitig und miteinander verquickt: Sie betet mit den Patienten vor der Impfung und gibt Tipps zur Verhütung beim seelsorgerlichen Gespräch. Natürlich schafft sie das alles schon seit Jahren nicht mehr allein. Was wäre sie ohne Jutta, die das Internat leitet, ohne Dorrah, die „Mama" der Internatskinder, ohne all die vielen anderen afrikanischen Mitarbeiter? Aber dieses Fest ... So etwas gab's noch nie. Wer hatte bloß die verrückte Idee, mitten in der Steppe ein riesiges Fest zu feiern! Das ist doch gar nicht zu organisieren! Diese Einkaufsliste zeigt ja nur einen Bruchteil von dem, was zu tun ist. Wie sollen zum Beispiel all die Internatskinder nach Malambo kommen? Seit neun Jahren gibt es jetzt ein Internat in Kwa Ngulelo, in dem Massaikinder wohnen, die von Paten unterstützt werden, so dass sie in Arusha die Schule besuchen können. Es geht doch nicht, dass in Malambo ein großes Fest gefeiert wird, und diese Kinder kriegen nichts davon mit. Bis Karatu, dem Tor zum Ngorongoro-Krater und zur Serengeti, kommt man mit öffentlichen Verkehrsmitteln. Aber wie kommen die Kinder von dort weiter? – Und was ist, wenn ein Sturm aufkommt? Das gibt es im August oft. Wie sähen der Festplatz und die Gäste wohl nach einer Windhose aus?

Angelikas Handy klingelt. „Hallo? Jutta? Ja, ich weiß, ich bin zu spät. – Tut mir leid. Ich bin schon so gut wie bei dir. Ich fahr gleich los. Hakuna matata. See you."

Angelika springt auf, läuft ins Haus, wirft den Einkaufzettel auf das Trampolin, das ihr auch als Wohnzimmertisch dient, kehrt um und klettert in den Geländewagen. Mit Schwung fährt sie vom Hof, doch nach wenigen Metern merkt sie schon, dass etwas nicht stimmt. Sie stoppt, steigt aus, geht einmal um den Wagen: Der Reifen vorne rechts hat einen Platten. Wie kann das sein? Eben war er noch prall.

Angelika bückt sich und zieht drei große Nägel aus dem Profil. Sie hat sie noch nicht in der Hand, da stehen schon zwei junge Männer und ein kleiner Junge neben ihr: „Sister, no problem, wir reparieren das. Wir kennen uns aus mit Reifen." Angelika grinst. Es sollte sie doch sehr wundern, wenn dies nicht eine privatwirtschaftlich organisierte Arbeitsbeschaffungsmaßnahme wäre: Man haut einige Nägel in ein

Angelikas Haus in Tengeru

Stück Holz, legt es vor die Reifen eines Autos, wartet darauf, dass das Auto liegen bleibt, und bietet seine Dienste an.

„Danke für euer freundliches Angebot! Ich wohne erst seit ein paar Woche in Tengeru, deshalb könnt ihr es noch nicht wissen: Ich repariere grundsätzlich alles selbst. Und Reifen wechseln mache ich am allerliebsten."

Die drei „Mechaniker" bleiben etwas verdattert am Wegrand stehen, während Angelika gleichzeitig den Wagenheber herausholt und ins Handy spricht: „Ein Pancha, Jutta, sorry. Ich bin gleich da. Was hältst du davon, wenn wir einen Lorry leihen, um alles, was wir brauchen, nach Malambo zu schaffen? Ich hab nämlich das Gefühl, dass wir mit ein paar Einkaufstüten auf dem Rücksitz nicht hinkommen ... "

2
Das verrückte Muttersöhnchen

lut ist dicker als Wasser. Wenn selbst eine deutsche Redensart diese Wahrheit kennt, dann gilt sie in Afrika allemal. Familienbande bedeuten mehr als alle anderen Beziehungen. Erst recht, wenn es hart auf hart kommt. Und im Massailand ist sowieso klar: Erst kommt die Familie, dann die erweiterte Familie, dann die stark erweiterte Familie …

Ngoyees Familie kann sich sehen lassen: Sein Großvater hatte vier Frauen. Eine dieser Frauen hatte nur ein einziges Kind: Ngoyees Vater. Der bügelte die Delle in der Familienstatistik jedoch gründlich aus, indem er sieben Frauen heiratete. Eine starb früh, eine blieb kinderlos, aber die fünf anderen gebaren ihm zusammen sieben Söhne – und natürlich allerhand Mädchen; wie viele genau, gilt für die Familienchronik als unwichtig. Drei der sieben Söhne haben dieselbe Mutter, und Ngoyee ist der zweite von ihnen. Wem das wie der Beginn einer Denksportaufgabe vorkommt, der liegt gar nicht falsch. Die Frage ist: Welchen Rang hat Ngoyee innerhalb seiner Familie? Was hat er zu sagen, und was wird er erben? Denn darum geht es doch. Was in der westlichen Welt das Dreierpaar des erfolgreichen Mannes ist – Macht, Sex und Geld –, gilt auch für Massai und heißt in ihr Leben übersetzt: Autorität im Dorf, viele Frauen, unzählige Kühe. Ngoyees Startposition ist wirklich gut. Die Familie ist reich. Die vielen Kinder gut zu ernähren, ist kein Problem. Und Ngoyees

Vater liebt seinen Sohn. Er hat ihm auch seinen schönen Namen gegeben. Ngoyee bedeutet „guter Ruf". Ein gutes Omen.

„Mach es wie ich und heirate sieben Frauen!", rät er seinem Sohn. „Dann hast du ein schönes Leben, solange du jung bist, und brauchst auch das Alter nicht zu fürchten, denn deine Kinder werden dich versorgen."

Alles könnte in dieser Familie gut und harmonisch sein, wäre Ngoyee nicht eines Tages „durchgedreht", wie sein Vater es nennt. 1993 kommen Swahili-Missionare nach Malambo. Sie singen auf dem Dorfplatz, sie erzählen biblische Geschichten, sie diskutieren mit den Dorfbewohnern. Es ist eine Attraktion, eine willkommene Abwechslung im Steppenalltag und sicher das größte Ereignis des Jahres. Aber außer den wenigen Leuten, die ohnehin schon zur kleinen lutherischen Gemeinde am Ort gehören, lässt sich niemand durch das, was er hört, ernsthaft beunruhigen. Swahili sind bekanntlich ganz anders als Massai. Was für sie gut und richtig ist, muss für Massai noch lange nichts bedeuten. Die meisten Swahili sind doch Schwächlinge. Das erklärt auch, warum sie einen starken Jesus brauchen. Dass der alles kann und ihnen immer hilft, erzählen sie ja gerne. In der Sklavenzeit haben die Swahili sich einfangen lassen wie junge Zebras. Nur dass sie nicht in den Zoo kamen, sondern nach Sansibar auf den Sklavenmarkt und von dort an arabische Höfe, wo sie, wenn es gut ging, den Herren die Füße waschen und den Kaffee bringen durften. Kaum einem Massai ist so etwas passiert. Die Sklavenhändler trauten sich gar nicht in ihr Gebiet, dafür sorgte schon ihr kriegerischer Ruf, der bis an die Küste reichte. Zugegeben: Einige Massai halfen den Sklavenhändlern bei der Jagd auf „frische Ware" und retteten so ihre eigene Haut. Das war nicht sehr nett, aber, offen gesagt, gar nicht dumm. Wie auch immer: Dass später viele Swahili Christen geworden sind, liegt wahrscheinlich an ihrer Mentalität. Sie lassen sich eben leicht von Fremden beeindrucken.

Die Evangelisationswoche in Malambo vergeht also, ohne im Dorf Spuren zu hinterlassen.

Erst als die Missionare schon längst weitergezogen sind, hat ein junger Mann einen Traum: Ngoyee sieht, wie ein weißer Vogel vom Himmel herabschwebt. Als er aufwacht, weiß er: Er muss beten. Zu dem Jesus, von dem die Swahili gesprochen haben. Er weiß es einfach. Er wacht mit dieser Überzeugung auf, und sie verlässt ihn nicht mehr. Nicht an diesem Tag, nicht am nächsten … nie mehr.

Ngoyee ist etwa Mitte zwanzig, als er diesen Traum hat. Sein genaues Alter kennt er nicht. Er ist noch nicht verheiratet, sondern führt das Leben eines Moran, eines jungen Kriegers, der seit seiner Beschneidung unabhängig von der Familie ein freies Leben führt. Die jungen Männer leben im „Busch", Heirat und Kinder sind noch in weiter Ferne, aber alle Mädchen des Dorfes stehen ihnen mehr oder minder freiwillig zur Verfügung. Alle Mädchen, das heißt alle zwischen etwa zehn und vierzehn Jahren, denn dann werden die jungen Frauen verheiratet – an einen Mann, der zwanzig oder auch dreißig Jahre älter ist als sie. Er hat das Morani-Leben gerade beendet oder ist bereits Ehemann mehrerer Frauen und nimmt sich eine neue, junge dazu.

Ngoyee hat noch fünf bis zehn Jahre „lockeres Leben" vor sich. Aber es scheint ihm auf einmal nicht mehr reizvoll, und eines Abends schockiert er seinen Vater mit der Ankündigung, dass er wieder zurück nach Hause ziehen will.

„Ich will als Christ leben, und als Moran kann ich das nicht."

Sein Vater kann nicht glauben, was er da hört, und sagt erst einmal gar nichts.

„Wir Morani leben unser Männerleben nach ganz eigenen Regeln. Wir bleiben unter uns, und niemand redet uns rein. Vor allen Dingen keine Mutter oder Schwester. Zur christlichen Kirche gehören aber Männer und Frauen, Kinder und Alte – einfach alle. Sie feiern zusammen Gottesdienst. Ich bin jetzt einer von ihnen. Ich will in der Nähe der Christen sein und nicht mehr nur bei den Morani im Busch."

In den Augen von Ngoyees Vater ist das, was sein Sohn sagt, so absurd, dass er gar nicht versucht, mit ihm zu diskutieren. Das Leben eines Massaimannes gliedert sich in vier Abschnitte. Da kann man nicht herkommen und einen Abschnitt einfach überspringen. Der erste Lebensabschnitt umfasst die fünfzehn Jahre bis zur Beschneidung. Die kleinen Jungen hüten die Kühe, kaum dass sie einige Stunden ohne die Mutter sein können. Auch Ngoyee ist schon als Fünfjähriger früh am Morgen losgezogen, mit nichts als einem Stock ausgerüstet, und hat so im Laufe der Jahre von den älteren Jungen gelernt, wie man für den väterlichen Besitz sorgt.

Die kleinen Hirten haben es nicht immer leicht. In der Trockenzeit müssen sie das Vieh oft stundenlang vor sich hertreiben, bis sie an eine Wasserstelle kommen. Und dann können sie nur hoffen, dass sich dort nicht schon eine andere Herde breitgemacht hat. Wenn man nicht aufpasst, entfernt sich so ein dummes Rindvieh auch schon mal von den anderen Tieren. Dann geht die Suche los, durch Dornen und Gestrüpp. Da hilft nur, bei jedem Schritt kräftig aufzutreten, damit Schlangen und Skorpione die Erschütterung des Bodens spüren und sich aus dem Staub machen. Dass Dornen die Haut verkratzen und schon manchem Hirten eine schwere Augenverletzung beigebracht haben, gehört zum Steppenleben. Schmerzen zu ertragen lernen schon die Kleinsten, und außerdem ist jeder Schmerz eine Vorbereitung auf

*Ein Boma
aus der Vogel-
perspektive*

den großen Schmerz – den der Beschneidung. Anders als die
Mädchen werden die Jungen in Gruppen beschnitten, nicht
im Dorf, sondern nach Tagen der Vorbereitung draußen im
Busch. Zu der Gruppe von Jungen, mit der Ngoyee beschnitten worden ist, als er etwa fünfzehn war, wird er für
den Rest seines Lebens gehören. Mit dem Beschneidungsfest
hat sein zweiter Lebensabschnitt begonnen, das Leben als
junger Krieger, der nicht mehr nur zu einer Familie gehört,
sondern auch zu einer Beschneidungsgruppe. Und jetzt will
Ngoyee also diese Gruppe verlassen und ein Leben führen,
als wäre er schon im dritten Lebensabschnitt, ein stolzer
Krieger, der im Dorf lebt und das Recht hat zu heiraten. Das
passt doch gar nicht. Das kann er doch nicht machen! Niemand sucht sich aus, wo und wie er leben will. Es gibt doch
Regeln und Ordnungen, Dinge, die immer schon so waren
und die gar nicht anders sein können. Niemand weiß das
besser als die Ältesten, die Männer im vierten Lebensalter,
die über diese Ordnungen wachen. Zu ihnen geht Ngoyees
Vater, um sich Rat zu holen.

Die weisen Männer sitzen am Rande des Viehmarktes, der
mittwochs in Malambo stattfindet. Es sind Greise, alle über
sechzig Jahre alt und mit einer wärmenden Wolldecke statt

eines einfachen Tuchs bekleidet. Wegen ihres ehrwürdigen Alters sitzen sie nicht auf dem Boden, sondern haben auf kleinen geschnitzten Holzhockern Platz genommen. Als Ngoyees Vater ihnen sein Leid klagt, haben sie sofort einen Verdacht:

„War dein Sohn bisher völlig gesund und vernünftig?"

„Ja, ich hatte nie ein Problem mit ihm."

„Und plötzlich erzählt er blanken Unsinn?"

„Genau."

„Dann sind ganz sicher starke Mächte im Spiel, die ihn verwirrt haben. Du kannst es versuchen, aber wir sagen dir: Es hat keinen Zweck, mit ihm zu reden. Es könnte gut sein, dass jemand einen Fluch ausgesprochen hat, der seinen Verstand verdunkelt. Dann können Worte nichts ausrichten. Begib dich also lieber unverzüglich zum Laiboni und bitte ihn um Rat. Vielleicht ist ja ein Gegenzauber nötig, um deinen Sohn zu retten."

Der Vater hört auf die Ältesten und geht zum Laiboni. Aber auch der ist ratlos. So ein „Fall" ist ihm noch nicht begegnet. Vielleicht hat Ngoyee ja nur irgendeine unbekannte Krankheit? Das müsste zur Not ein Arzt im Krankenhaus von Loliondo herausfinden. Es tut dem Laiboni leid, aber er muss sein Unvermögen eingestehen. Damit Ngoyees Vater nicht mit leeren Händen in sein Boma zurückkehren muss, gibt er ihm wenigstens ein paar Amulette mit. Es sind Lederbeutel, mit Knochenasche gefüllt. Die soll er in Ngoyees Nähe auslegen.

Ngoyees Vater zahlt mit Bier und Honig, kehrt nach Hause zurück und wartet. Welche Wirkung haben wohl die Amulette? Ob Ngoyee sich verändert?

Der Vater hat Angst. Ngoyee war bis jetzt so ein hoffnungsvoller junger Mann. Wenn er doch von einem Fluch getroffen sein sollte, kann das schreckliche Auswirkungen haben. Vielleicht verliert er seine Fruchtbarkeit und wird nie Nachkommen haben. Vielleicht werden später einmal, wenn er eine eigene Herde besitzt, alle seine Rinder krank und verenden, ohne dass man ihnen helfen kann … Dabei kann der Vater kaum glauben, das Ngoyee Feinde haben soll, die ihm Unheil wünschen. Eigentlich ist er bisher immer mit allen Leuten gut ausgekommen. Aber wer weiß, was sich im Busch zugetragen hat? Ein Streit um ein Mädchen? Eine Beleidigung, die die Ehre verletzt hat? Die jungen Männer sind nach außen hin eine verschworene Gemeinschaft, aber in manchen Situationen können sie zu harten Konkurrenten werden.

Was auch immer geschehen ist, der Laiboni wird es herausbekommen, da hat der Vater keinen Zweifel. Die Sache mit dem Krankenhaus hält er für eine abwegige Idee. Der Laiboni muss den wahren Grund finden, und zwar bald. Denn ein Fluch kann nur von demjenigen zurückgenommen werden, der ihn ausgesprochen hat. Und genau das macht die Sache so dringlich: Das Leben der Krieger ist voller Gefahren, und längst nicht alle werden alt. Leicht kann es vorkommen, dass die Person, die einen Fluch ausgesprochen hat, stirbt. Dann bleibt der Fluch lebenslänglich über dem Verfluchten, und niemand kann ihn aufheben. Eine entsetzliche Vorstellung.

Ngoyee hat keine Angst. (Ist das nicht schon wieder ein Zeichen dafür, dass er verrückt geworden ist?) Er hat gehört, dass sein Vater zum Laiboni gegangen ist, und stattet dem Laiboni nun seinerseits einen Besuch ab. Vom Alter her sind die beiden Männer gar nicht so weit voneinander entfernt, der junge Laiboni hat sein Amt erst vor Kurzem von seinem Vater übernommen, aber er hat sich in der kurzen Zeit bereits den Ruf eines strengen Hüters der alten Ordnungen erworben. Und nun kommt dieser Moran, der eigentlich in den Busch gehört, einfach daher, spart sich lange Ehrenbezeugungen, setzt sich zu ihm vor die Hütte und verwickelt ihn sofort in eine Diskussion. Ist es richtig, dass die Massai das erwählte Volk Gottes sind? Ist es nicht Unsinn, sich von allen anderen Völkern abzuschotten, sich absichtlich unwissend zu halten, den Schulbesuch zu verweigern, gleichzeitig aber auf alle anderen herabzuschauen? Und woher nehmen die Männer eigentlich das Recht, ihre Frauen schlechter zu behandeln als ihre Kühe? Haben Frauen nicht auch eine Seele? Spüren sie nicht den Schmerz genau wie ein Mann?

„Ich bin jetzt seit fast zehn Jahren Moran", erklärt Ngoyee seinem Gesprächspartner, dem der Zorn über all die Unverschämtheiten, die er sich bis hierher schon anhören musste, bereits ins Gesicht geschrieben steht. „Früher mag dieses Leben ja einen Sinn gehabt haben. Die jungen Krieger konnten auf der Löwenjagd ihren Mut beweisen. Die wenigen Löwen, die ich in meinem Leben gesehen habe, waren weit weg von unseren Boma. Und selbst wenn einer uns nahe gekommen wäre und ich ihn zur Strecke gebracht hätte, damit er keine Kuh reißt – weißt du, wo ich dann heute säße? Sicher nicht hier neben dir, sondern in Loliondo im Knast. Denen in Daressalam ist es nämlich egal, ob wir tapfere Krieger sind und bestimmte Aufgaben erfüllen müssen oder nicht. Für die sind wir nur halbnackte Wilde, die sich nicht an die Gesetze halten. An *ihre* Gesetze halten. Die gelten nämlich inzwischen auch für uns, ob wir das wollen oder nicht. Alles was du hier siehst, gehört zu Tansania. Es gibt gar kein Massailand, wo nur die Gesetze der Massai gelten, wo nur Massai ihre Herden halten dürfen. Die Swahili fangen doch überall in unserem Gebiet mit ihrem Ackerbau an, und die Regierung unterstützt sie dabei."

Ngoyee hat sich warm geredet und lässt den Laiboni gar nicht zu Wort kommen.

„Früher, als mein Vater ein Moran war, hat er noch anderen Stämmen die Kühe abgejagt. Das war sein gutes Recht, sogar seine Pflicht. Schließlich hat Engai alle Kühe der Welt den Massai geschenkt. Das glaubt mein Vater jedenfalls bis heute. Und der Staat hat sich nicht eingemischt. Wir Morani heute sitzen dagegen im Busch, helfen den Kleinen ein bisschen beim Hüten, nehmen uns Mädchen und hoffen, dass sie nicht schwanger werden. Und wenn doch mal eine schwanger wird, dann haben wir nichts damit zu schaffen. Das regelt die Familie des Mädchens für uns, wir tragen ja keine Verantwortung. Ist das ein sinnvolles Leben? Fünfzehn Jahre lang? Ich glaube, dass ich im Busch meine Seele verliere. Das habe ich verstanden, als diese Swahili-Missionare hier waren. Ja, ich bin überzeugt, dass sie recht haben, auch wenn sie keine Massai sind. Wir Massai können nämlich ruhig auch mal auf andere hören. Unser Stolz hält uns dumm. Aber ich bin aufgewacht. Niemand hat mich verflucht, ganz im Gegenteil: Engai hat zu mir gesprochen."

Jetzt reicht es dem Laiboni. Mit einem Ruck steht er auf.

„Du verdirbst deine Seele und bringst Unglück über dich und deine Familie. Hast du keine Angst davor?"

„Nein", antwortet Ngoyee und steht ebenfalls auf. „Sorge du lieber für deine Seele, statt dich mit Fluch und Zauber zu beschäftigen."

Die Verabschiedung ist kurz. Ngoyee hebt die offene Handfläche zum Gruß und geht.

Die beiden Männer sehen sich nie wieder. Denn drei Tage später ist der Laiboni tot. Gestorben an einer plötzlichen Krankheit, die sich niemand erklären kann.

Malambo ist in Aufruhr, und der verstärkt sich noch, als in den folgenden Tagen eine ganze Reihe von Ziegen stirbt, die Ngoyees Vater gehört. Auch hierfür gibt es keine Erklärung. Oder doch?

Ngoyees Vater ist zunächst tief erschrocken. Doch dann findet er für sich eine Deutung, ruft schon bald seine Söhne zusammen und verkündet Erstaunliches:

„Unser Laiboni wollte den Fluch, der Ngoyee treffen soll-te, aufheben. Aber noch bevor er denjenigen ausfindig machen konnte, der ihn ausgesprochen hat, hat sich der Fluch gegen ihn selbst gewandt. Er war zu schwach und ist gestorben. Aber Ngoyee ist stärker als der Fluch. Ihm konnte er nichts anha-ben. Ihr wisst, dass Ngoyee nicht der Erstgeborene von euch ist. Aber ich bitte euch dennoch inständig: Hört auf ihn! Denkt daran, dass er mit einer Kraft im Bunde ist, die stärker ist als ein Fluch. Es kann euch nur nützen, wenn ihr euch an das haltet, was er sagt. Gefährdet nicht euer Leben, indem ihr euch gegen ihn stellt."

Manchmal kommt es zu einem Kräftemessen in der Geister-welt. Das weiß jeder Massai. Dann geht es darum, sich klug zu verhalten, um das eigene Wohlergehen nicht aufs Spiel zu set-zen. Dass man an dem, was der Laiboni sagt und tut, vielleicht grundsätzlich zweifeln könnte, käme Ngoyees Vater niemals in den Sinn. Deshalb ist er wenige Wochen später auch schon wie-der auf dem Weg zu einem anderen Laiboni. Diesmal zieht aber das ganze Boma mit ihm, es geht nämlich um eine Sache, unter der alle leiden: Seit Monaten hat es kaum geregnet, und über-dies scheinen einige Frauen unfruchtbar geworden zu sein. Der Weg ist weit, denn der Laiboni, der diesmal helfen soll, wohnt eine Tagesreise entfernt. Und auch das materielle Opfer, das die Familie bringen will, ist groß: Eine Kuh wird mitgeführt und soll in Anwesenheit des Laiboni zuerst Engai geweiht und dann geschlachtet und gemeinsam gegessen werden. Nur Ngoyee geht nicht mit. Er stiehlt sich aber nicht etwa klammheimlich davon, sondern sagt seinem Vater vor versammelter Familie klipp und klar, dass er von der Aktion nichts hält.

„Erstens kann jeder zu Engai beten und ihn um Regen und Fruchtbarkeit bitten. Dafür braucht ihr keinen Laiboni. Und zweitens ist es leichtsinnig, die Kühe und Ziegen zwei Tage unbeaufsichtigt zu lassen. Ich allein kann doch nicht zwei Herden hüten."

„Ngoyee, es geht hier um Engais Sache. Er möchte, dass wir ihm ein Opfer bringen, und deshalb ist es auch seine Sache, auf unsere Tiere aufzupassen. Du wirst sehen, es wird ihnen nichts passieren."

Aber in der Nacht kommen Löwen. Am nächsten Morgen fehlen von den Herden des Vaters und der Brüder viele Ziegen und sogar einige Kühe. Nur Ngoyees Tiere sind verschont geblieben. Als die Familie am Abend zurückkehrt und schon vor dem Boma die Blutspuren und Fellfetzen am Boden sieht, schweigt der Vater und zieht sich zurück. Er möchte jetzt nicht diskutieren. Dieser Sohn wird ihm langsam unheimlich.

Im Dorf hat man sich daran gewöhnt, dass Ngoyee zu Hause wohnt, kein richtiger Moran mehr ist, aber auch noch kein stolzer Krieger. Wenn sie Lust haben, ihn zu verspotten, dann geben die Kinder ihm einen neuen Namen: „Jadji!", rufen sie, wenn er kommt. „Ist es schön an Mamas Brust?"

Jadji bedeutet: „der sein Zuhause liebt", und Ngoyee ruft zurück: „Ja, ich liebe mein Zuhause. Aber passt auf, dass ich mir nicht einen von euch schnappe und an meine Brust drücke!" Dann lachen die Kleinen und rennen kreischend weg.

Ngoyees Vater kann die Entscheidung seines Sohnes nach wie vor nicht begreifen, aber er findet es inzwischen doch sehr praktisch, einen jungen, starken Mann im Boma zu haben. Mal gibt es ein krankes Rind zu versorgen, mal muss einer Kuh beim Kalben geholfen werden, ein anderes Mal begleitet

Ngoyee die Jungen des Boma, weil weit und breit kein grüner Halm mehr zu finden ist und die Kinder das Vieh bis zu entlegenen Weidestellen treiben müssen. Ngoyee ist mit den jungen Hirten genauso geduldig wie mit den Kühen, und man muss ihn nicht zehnmal fragen, bevor er hilft. Da kann man sich wirklich nicht beklagen.

Von seinen verrückten Ideen bringt ihn allerdings nach wie vor keiner ab. Sonntags lässt Ngoyee alles stehen und liegen und geht in den Gottesdienst. Dabei kann er es gar nicht hören, wenn in Malambo einer der Kirchenältesten mit dem Stock auf eine Reifenfelge schlägt, um die Gemeinde zusammenzurufen. Sein Boma ist nämlich zu weit weg. Aber er sieht es am Stand der Sonne, und manchmal ruft ihm einer der älteren Männer auch in nicht gerade freundlichem Ton eine Erinnerung zu:

„Hej, Jadji, Mamasöhnchen, kannst du nicht bis sieben zählen? Es ist wieder Sonntag. Auf, lauf nach Malambo und sing mit all den Mamas und Babys!"

Ngoyee sagt dann lieber gar nichts, obwohl er ja eigentlich nicht auf den Mund gefallen ist. Aber den Alten gebührt Ehre, und deshalb grüßt er nur stumm mit der Hand und macht sich auf den Weg.

Den Gottesdienst leitet heute ein Massai-Evangelist, der aus einem Boma nicht weit von Malambo kommt. Vor einigen Jahren hat er eine Ausbildung in der lutherischen Bibelschule in Oldonyo Sambu gemacht. Oloije kann lesen, schreiben, Gitarre spielen und gut singen. Als Zeichen seines Amtes trägt er einen weißen Talar, als Zeichen seiner Bildung eine Nickelbrille. Deren Gläser sind aus Fensterglas und stören deshalb nicht. Oloije trägt die Brille nicht nur zum Gottesdienst, sondern auch den ganzen restlichen Sonntag. Wenn er am

Montagmorgen wieder im Massaigewand mit seinen Kühen unterwegs ist, bleibt das kostbare Stück an einem sicheren Ort in der Hütte.

Der Gottesdienst beginnt mit einigen Liedern, die Oloije auf der Gitarre begleitet. Es sind Swahili-Lieder, aber Oloije hat sie in Kimassai übersetzt, und je länger sie in Malambo gesungen werden, desto mehr hören sie sich nach Massai-Gesängen an.

„Die Bibel erzählt von einem reichen Clanführer", beginnt Oloije dann seine Predigt. „Er war Nomade, so wie wir, und zog mit seinen Herden, Frauen und Kindern von Lagerplatz zu Lagerplatz. Ich glaube, er zog noch viel häufiger weiter als wir, eher so, wie unsere Großeltern es noch getan haben. Aber er zog nicht einfach hin und her und dann wieder zurück, immer auf der Suche nach Weideland. Er hatte ein Ziel, er zog immer weiter weg vom Ort seiner Geburt. Engai hatte zu ihm gesprochen und ihm gesagt, dass er alles nehmen sollte, was er besaß, um in ein neues Land zu ziehen. Schließlich war er so weit entfernt vom Ort seiner Vorfahren, dass er die Sprache nicht mehr verstand, die die Leute redeten, dass ihm ihre Sitten fremd waren und er sich überhaupt nicht mehr auskannte. Ägypten hieß das Land, in dem er damals seine Hütten baute."

Einige Zuhörer nicken. Ägypten, das haben sie schon mal gehört. Von dort oben, aus dem Norden, sollen die Massai vor langer, langer Zeit den Nil herunter nach Ostafrika gezogen sein.

„Aber auch dort blieb Abraham – so hieß der Clanführer – nicht. Er zog weiter nach Norden, denn er suchte das Land, in dem Milch und Honig fließen."

Ein Murmeln setzt ein. Milch und Honig, genau. Wer das hat, dem geht es gut. Nur fließen sie leider meistens nicht, sondern tröpfeln nur.

„Tatsächlich kam Abraham eines Tages in diesem Land an. Es war wunderschön dort, es regnete oft, sodass das Gras grün blieb, und dieses Land hatte sogar eine Küste. Es lag am Meer."

Mit diesem Hinweis können die Gottesdienstbesucher nun wiederum nicht viel anfangen. Tansania soll ja auch eine Küste haben, und das Meer, das dahinterliegt, ist angeblich riesengroß. Aber niemand von den Versammelten war je dort. Hat Oloije vielleicht das Meer gesehen, als er zur Ausbildung fort war? Nach dem Gottesdienst wollen sie ihn fragen.

„Aber Abraham war trotzdem nicht glücklich. Er hatte nämlich keinen Sohn."

„Oiiii yai yai, oiiii yai yai, oi", seufzt eine Frau laut vernehmlich.

„Das heißt: Eigentlich hatte er doch einen Sohn, aber der war nicht von einer seiner Frauen und zählte deshalb nicht als Erbe."

Der Geräuschpegel in der kleinen Kapelle steigt. Ja, solche Geschichten gibt es. Aber eigentlich sollte ein reicher Clanführer sich in einer solchen Lage doch helfen können. War er etwa nicht reich genug, sich ein oder zwei weitere Frauen zuzulegen?

„Abraham war sehr betrübt, denn er war schon fast hundert Jahre alt und hatte keine Hoffnung auf Nachkommen mehr."

Jetzt müssen einige Zuhörer laut lachen. Da also liegt der Hase im Pfeffer! Der Alte war zu spät dran, und jetzt half auch eine junge Frau nicht mehr. Dass von Problemen wie diesen in der Bibel die Rede ist, wundert niemanden. Über Potenz redet man gern und offen, und Potenzprobleme abzuwehren ist eine wichtige Aufgabe des Laiboni. Man darf gespannt sein, wie die Sache weiterging …

„Eines Nachts sagte Engai zu Abraham: ‚Steh auf und tritt

vor deine Hütte!' Und als Abraham draußen stand, sprach er weiter: ‚Sieh hinauf zu den Sternen am Himmel! Kannst du sie zählen?' Natürlich konnte Abraham sie nicht zählen. ‚Auch deine Nachkommen kannst du nicht zählen, so viele sind es', sagte Engai da zu ihm."

Wer die Bibel auf Englisch oder Kisuaheli kennt, könnte jetzt einwerfen, dass Oloije die Geschichte verfälscht. Abraham wird doch erst viele Jahre später Vater eines großen Volkes sein! Aber die Sprache der Massai kennt keine Form für die Zukunft. Es gibt lediglich Vergangenheit und Gegenwart. Nur das Heute zählt. Und morgen ist auch wieder ein Heute.

„Der Sohn, den du bekommst', sagte Engai, ‚ist nicht nur für deine Familie und deinen Stamm ein wichtiger Mann. Er, seine Kinder und Enkel und alle deine weiteren Nachkommen sind für viele andere Stämme bedeutend. Und eines Tages sind sie ein Segen für die ganze Welt.' Abraham hatte bis dahin nur an sich und das Weiterleben seiner Familie gedacht, so wie wir das auch tun. Und Engai war bis dahin nur sein Gott gewesen. Er hatte mit den anderen Stämmen nichts zu tun. Die kannten ihn ja gar nicht, sondern beteten zu fremden Göttern. Aber Engai ist ein Gott für die ganze Welt. Niemand hat ihn für sich allein. Auch wir Massai nicht, obwohl wir glauben, Gottes auserwähltes Volk zu sein und an dem Berg zu siedeln, wo er wohnt. Aber ist das ein Gott, der nur auf dem Oldonyo Lengai wohnt? Kann ein Massai-Gott die ganze Welt geschaffen haben, in der es so viele andere Völker gibt? Das glaubt ihr doch selber nicht. Gott ist viel größer, als Abraham sich das vorstellte. Und viel größer, als wir uns das vorstellen. Abraham bekam tatsächlich noch einen Sohn. Und einer der Nachfahren dieses Sohnes war Jesus. Aber er war nicht nur Abrahams Sohn, er war auch Engais Sohn. Die Geschichte von Jesus ist das Evangelium, und das wird in der ganzen Welt erzählt. Es hat selbst uns hier in der Steppe erreicht. Wir Massai meinen vielleicht, dass wir etwas ganz Besonders sind, aber wir sind nur ein winziger Teil der riesigen Gemeinde aller Menschen auf der ganzen Welt, die durch Abraham gesegnet wurden. Wenn ihr getauft seid, gehört ihr dazu. Dankt Engai dafür!"

Nun stehen alle auf, und Oloije liest ein Glaubensbekenntnis:

„Wir glauben an den einen Gott.
Aus Liebe hat er die schöne Erde geschaffen
und alles Gute, das in ihr ist.
Er hat auch den Menschen geschaffen,
damit er auf der Erde lebt.
Gott liebt diese Welt, alle Völker,
Nationen und Stämme.
Wir haben ihn in Dunkelheit gekannt.
Jetzt ist er für uns ins Licht getreten.
Er hat in seinem Wort versprochen,
dass er die Welt retten will, alle Völker und Stämme.
Wir glauben, dass Gott sein Versprechen gehalten hat.
Er hat Jesus gesandt.
Er wurde als ein Mensch geboren,
im Stamm der Juden, in einem kleinen Dorf.
Er verließ sein Zuhause und war immer auf Safari, um
Gutes zu tun. Er heilte Menschen durch die Kraft Gottes
und lehrte sie, wer Gott und wer der Mensch ist.
Er wurde von seinem Stamm abgelehnt.
Er wurde gefoltert und mit Händen und Füßen
an ein Kreuz genagelt.
Er starb und wurde in ein Grab gelegt.
Aber die Hyänen rührten ihn nicht an.
Am dritten Tag stand er aus dem Grab auf.

Festlich geschmückte Massaifrauen

Ein junger Krieger im Festschmuck *Bereit zur Beschneidung*

Krieger schminken sich gegenseitig

Loserian und Naponuiok, seine Frau

Loserian und Angelika

Beim Gottesdienst

Die Dorfältesten

Er fuhr auf zum Himmel. Er ist Herr.
Wir glauben, dass all unsere Sünden
durch ihn vergeben sind. Alle, die an ihn glauben,
sollen ihre Sünden bereuen, den Heiligen Geist
empfangen und getauft werden.
Sie sollen einander lieben und Brot und Wein teilen.
So verkünden sie die Gute Nachricht,
bis Jesus wiederkommt.
Auf ihn warten wir. Er lebt. Das ist unser Glaube. Amen."

Auch Ngoyee sagt laut Amen: Ja, das glaube ich. Dabei ist er noch gar nicht getauft. Er lässt sich Zeit damit, weil er erst einmal mit dem Lesenlernen weiterkommen will. Das einzige Buch, das er besitzt und mit dem er übt, ist eine Bibel auf Kisuaheli. Elisha, ein anderer Massai-Evangelist, hat sie ihm geschenkt. Gleichzeitig Kisuaheli und lesen zu lernen ist zwar ein bisschen viel, aber Ngoyee übt täglich und macht gute Fortschritte. Es gibt so viel zu tun, wenn man Christ wird. Eine christliche Frau will er sich auch noch suchen. Dann kann er ein eigenes Boma gründen und muss nicht mehr wie ein Kind bei den Eltern wohnen.

Drei Jahre ist es her, dass Ngoyee von dem Vogel geträumt hat, der vom Himmel herabkommt, als er in einem Gottesdienst zusammen mit zwei anderen jungen Massai-Christen getauft wird. Von jetzt an heißt er Loserian: Frieden.

Und weitere drei Jahre später wird auch Loserians Vater getauft. Ein Skandal!

„Willst du wirklich deinem Sohn nachfolgen?", fragen ihn die Männer seiner Beschneidungsgruppe. „Ein Vater geht voran, nicht hinterher!"

Aber Loserians Vater hat seinen Sohn nun sechs Jahre lang

beobachtet. Aus dem verrückt gewordenen Ngoyee ist ein Mann geworden, den man einfach bewundern muss. Jemand, der wirklich Mut hat. Es ist vielleicht ein anderer Mut als der, den man für die Löwenjagd braucht, aber er ist nicht geringer. Vor Kurzem hat Loserian geheiratet, eine Frau, die er schon seit seinen Morani-Zeiten kennt, die aber jetzt, seit sie getauft ist, Naponuiok heißt. Das bedeutet Segensgabe, Dreingabe, etwas, das man noch zusätzlich bekommt. Für eine vierte oder fünfte Frau wäre das vielleicht ein passenderer Name als für eine erste, aber wie er seinen Sohn kennt, heiratet der ja möglicherweise nur eine einzige. Loserian hat doch tatsächlich nicht nur ihren Vater um Erlaubnis gefragt und die nötigen Kühe herbeigeschafft. Er hat auch die Braut selbst gefragt, denn er wollte sie nicht gegen ihren Willen heiraten. „Brauchst du mich?", hat er Naponuiok gefragt, denn von Liebe spricht man unter Erwachsenen nicht. Sie hat Ja gesagt, und dann gab es ein Fest, erst in der Kirche und dann im Boma des Bräutigams. Doch den größten Mut hat Loserian einige Tage später gezeigt: Als es an den Bau des neuen, eigenen Boma ging, hat Loserian mit angefasst. Er hat das Astgeflecht mit aufgerichtet, den trockenen Kuhdung mit Lehm gemischt und damit die Zwischenräume ausgefüllt – diese ganze Frauenarbeit. Der Spott ließ nicht auf sich warten, und die Zuschauer hatten noch tagelang Gesprächsstoff. Aber Loserian hat nur gelacht und eigentlich sogar einen glücklichen Eindruck gemacht.

Ja, die ganze Sache mit den Frauen. Es ist wirklich nicht einfach, sich daran zu gewöhnen, wenn man Christ wird. Seine eigene Taufe hat sich Loserians Vater ursprünglich auch anders gewünscht: Alle seine Frauen sollten mit ihm getauft werden. Aber der Pfarrer war dagegen.

„Jede Frau muss für sich selbst wissen, ob sie Christin werden und sich taufen lassen will. Das kannst du nicht für sie entscheiden. Du bist ihr Ehemann, und du kannst über die meisten Dinge ihres Lebens bestimmen. Aber nicht über ihren Glauben. Engai schaut in jedes Herz. Auch in die Herzen von Frauen."

Da hat er, der achtzigjährige, weise alte Mann, sich gebeugt. Nun ist er also der einzige Täufling der Familie. Loserians Mutter ist strikt gegen den christlichen Glauben. Alle anderen Frauen wollen sich die Sache noch überlegen, haben sie gesagt. Er wird ihnen diese Entscheidung wohl überlassen müssen.

Auch für Loserians Vater selbst steht noch eine Entscheidung an, die er bald nach seiner Taufe fällt: Er will christlich beerdigt werden. Das ist keinesfalls selbstverständlich, und es ist auch nicht gesagt, dass sein Wunsch nach seinem Tod respektiert

Ein Moran bei der Arbeit

35

wird. Deshalb ruft er einige Freunde zusammen und nimmt sie zu Zeugen. Loserian ist nicht dabei, denn er ist neuerdings nicht mehr nur Hirte, sondern auch Nachtwächter von Sister Angelika. Früher kam sie nur selten nach Malambo, die Reise von Arusha war einfach zu mühsam. Aber jetzt hat sie mit einigen Helfern am Rande des Dorfs ein kleines Haus und eine Zisterne gebaut und sogar ein winziges Stück Gemüseacker angelegt. Milch, Blut und Fleisch reichen den Wazungu ja nicht. Sie finden die Ernährung der Massai zu einseitig, und selbst die Sister zieht eine fade Möhre dem frischen Blut vor, das aus der Halsschlagader eines Rinds schießt. Nun gibt es also ein Grundstück zu bewachen, Gäste zu begrüßen oder auch nächtliche Gäste fernzuhalten – Aufgaben, die Loserian mit Begeisterung übernommen hat. In Angelikas Nähe kann er gleichzeitig Kisuaheli üben, mehr vom christlichen Glauben lernen und etwas Geld verdienen.

Loserian fehlt also, als sein Vater einigen Vertrauten seinen Letzten Willen mitteilt, und das ist denen auch ganz recht. Sie finden nämlich, dass man nichts übertreiben soll. Der angesehene Alte wollte ja partout wie sein Sohn getauft werden, das konnte ihm keiner ausreden. (Vielleicht liegt der Eigensinn ja in der Familie?) Aber ein christliches Begräbnis hat es hier noch nie gegeben, und mit solchen Sitten sollte man auch gar nicht erst anfangen. Wer tot ist, ist tot und für die Gemeinschaft verloren. Von ihm verabschiedet man sich ohne lange Zeremonien. Was von ihm bleibt, wird vor die Dornenhecke des Boma getragen und den Hyänen zum Fraß überlassen. Die Christen dagegen machen ein großes Brimborium um jeden Toten. Da wird ein Sarg angefertigt, ein Grab geschaufelt, ein Gottesdienst gehalten, der Tote feierlich in die Erde gelassen, während die ganze Gemeinde singt und betet … Warum? Weil sie ein Übergangsfest feiern. Den Übergang vom Leben in der kargen Steppe zu einem Leben mit immergrünen Weiden. Das glauben sie nämlich, dass Engai sie nach dem Leben hier in einem anderen, besseren Leben erwartet. Loserians Vater glaubt das jetzt auch. Aber wenn er erst tot ist, ist auch er nur ein toter Massai wie alle anderen. Dann ist es mit der Einbildung vorbei.

Doch Loserian hört auf verschlungenen Wegen vom Wunsch seines Vaters. Und als der einige Monate später wegen Tuberkulose nach Loliondo ins Krankenhaus gebracht werden muss, fährt er mit und bleibt bei ihm. Sitzt neben ihm und erzählt ihm Geschichten, die er in der Kirche und von der Sister gehört hat: von dem bedeutendsten Clanführer, den der Stamm, aus dem Jesus kam, jemals hatte, und der als junger Hirte ganz allein mit einem Löwen kämpfte und später viele Lieder dichtete, die Engai preisen. Und von dem Hirten, der einen Diamanten in der Steppe fand und deshalb hinging und alle Kühe, die er hatte, verkaufte, um diesen Diamanten zu besitzen. Er erzählt, hält seine Hand und betet. Bis der Vater stirbt. Dann sorgt er für ein christliches Begräbnis. Am Rande des väterlichen Boma wird ein Grab ausgehoben. Alle, die wollen, dürfen kommen, den Vater noch einmal ansehen und sich von ihm verabschieden.

Dann spricht der Pfarrer einen Psalm:

„Engai ist der Große Hirte.
Er ist auch mein Hirte,
und deshalb habe ich alles, was ich brauche.
Er führt mich auf saftige Weiden
und lässt mich an einer guten Wasserstelle ausruhen,
bis ich wieder neue Kraft habe.
Er wählt Wege, die sicher sind,
und selbst wenn ich ganz allein bin und es dunkel wird,
habe ich keine Angst.

Du, Engai, bist ja bei mir.
Du schützt mich und kennst den Rückweg,
deshalb verliere ich nicht den Mut.
Während Krieger von fremden Stämmen mich
beobachten,
reichst du mir Milch und Blut.
Du bewirtest mich wie einen hohen Gast
und füllst meine Kalebasse randvoll.
Deine Güte und Liebe sind an jedem Tag da.
In deiner Hütte darf ich nun für immer bleiben."

Einige Jahre nach der Beerdigung zieht Loserian um. Er zieht nicht dem Regen und grünen Weiden hinterher, sondern verlässt zusammen mit seiner immer noch einzigen Frau sein altes Boma und baut ein neues. Von hier aus kann man das Gelände, auf dem die Sister wohnt und auf dem demnächst eine Schule entstehen soll, in wenigen Minuten zu Fuß erreichen. Loserian ist nämlich inzwischen vom Nachtwächter zum Übersetzer und darüber hinaus zu Angelikas rechter Hand geworden. Er begleitet sie auf den Fahrten des Mobile-Clinic-Teams und bei Evangelisationseinsätzen und wird dabei von einem Helfer immer mehr zu jemandem, der eigenverantwortlich Aufgaben übernimmt. Manchmal predigt er, und oft wird er gebeten, mit Kranken zu beten. Dabei hat er schon oft Erstaunliches erlebt.

„Ich bin kein Heiler und kein Prophet. Ich bete einfach nur. Und dann wird der Kranke gesund. Das tut Gott", sagt er.

Für den Umzug gibt es noch einen zweiten Grund: Loserian und Naponuiok sind inzwischen Eltern von vier Kindern, zwei Mädchen und zwei Jungen, und sie möchten, dass alle ihre Kinder zur Schule gehen. Und nicht nur die, sondern auch die sechs weiteren Kinder, die sie im Lauf der letzten Jahre bei sich aufgenommen haben. Alle sind sie Waisen oder Halbwaisen. Außerdem wohnen drei Witwen im Boma, deren älteste Söhne noch nicht erwachsen sind. Deshalb muss ein anderer Mann für ihren Schutz bürgen. Loserian hat diese Aufgabe übernommen.

Blut ist dicker als Wasser.

Oder doch nicht? Die Gemeinschaft, in der Loserian und seine Familie leben, wird nicht durch Blutsbande zusammengehalten. Sein Ansehen und seine Stellung im Dorf gründen nicht auf der Zahl seiner Frauen und Söhne. Loserian wird respektiert, weil er ein mutiger Mann ist, der seinen eigenen Weg gegangen ist. Er wagt es, in die Zukunft zu sehen, und hat keine Angst vor Veränderungen. Aber Loserian ist kein Krieger auf einsamem Posten. Er ist Teil einer Gemeinschaft, die Rückhalt und Geborgenheit gibt. Einer Gemeinschaft von Christen am Ort und überall auf der Welt. Und die verbindet eher Wasser als Blut.

3

Die Spannung steigt

Vierhundert Leute satt zu kriegen, ist gar nicht so einfach. Bei sechs- oder achthundert dürfte es *sehr* schwierig werden, und ab tausend unmöglich.

Angelika und Jutta brüten immer noch über der Einkaufsliste.

„Wo steht eigentlich geschrieben, dass wir alle Gäste bewirten müssen, egal, ob sie was mit der Schule zu tun haben oder von sonstnochwo kommen?", fragt Jutta mehr sich als Angelika.

„In den ungeschriebenen Gesetzen der Steppe. Paragraf 1: Gäste aller Art sind jederzeit hochwillkommen. Um sie zu bewirten, ist kein Opfer zu groß."

„Dann bin ich für eine Ergänzung. Paragraf 1, Absatz 2: Überschreitet die Zahl der Gäste die Grenze von fünfhundert, ist der Gastgeber berechtigt, sie mit einer Flinte auszustatten, und sie müssen sich ihre Mahlzeiten selber schießen."

Angelika wühlt weiter in ihren Papieren auf dem Tisch, aber dann stutzt sie und ruft: „Mensch, Jutta, das ist eine klasse Idee! Statt teure Kühe zu kaufen, gehen wir auf Antilopen-Jagd! Früh am Morgen, bevor das Fest beginnt. – Was heißt wir? Irgendjemand halt, den wir darum bitten."

„Hör mal, das war ein Scherz!" Jutta ist in diesem Zweier-Team so etwas die Beauftragte für Bodenhaftung. „Darf ich dich daran erinnern, dass wir nicht im Wilden Westen sind?

Malambo gehört zur Serengeti, da darf nicht einfach jeder kommen und sich seinen Braten schießen."

„Ich weiß, ich weiß. Dann beantragen wir eben eine Jagderlaubnis für diesen Tag. Und der, der für uns auf die Jagd geht, muss natürlich einen Jagdschein haben. Aber da finden wir schon jemanden."

Eine Woche später steht Angelika im Büro des District Council. Dummerweise befindet es sich nicht in Arusha, sondern in Wasso bei Loliondo, nahe der kenianischen Grenze. Die Sister ist zwei Stunden von Malambo über holprige Pisten hierher gefahren, um die Jagderlaubnis zu beantragen. Der Beamte, der auf einem klapprigen, geflochtenen Stuhl hinter einem imposanten Schreibtisch sitzt, macht einen freundlichen Eindruck, begrüßt Angelika ausgesprochen höflich und bittet sie, doch Platz zu nehmen. Allerdings stellt sich nach einem kleinen, einleitenden Schwätzchen heraus, dass er gar nicht der Hüter der Antragsformulare ist.

„Dafür ist mein Kollege zuständig, der ist nur gerade in Urlaub. Aber machen Sie sich keine Sorgen. In zwei Wochen ist er wieder da."

„Aber ich kann in zwei Wochen unmöglich noch einmal kommen. Ich wohne knapp hundert Kilometer von hier entfernt, und außerdem brauchen wir die Erlaubnis schon Anfang August."

„Tja …, was sollen wir da machen? Die Schublade mit den Formularen ist diese dort", sagt er und zeigt auf einen zweiten, ebenso imposanten Schreibtisch. „Aber den Schlüssel für die Schublade hat mein Kollege mitgenommen."

„In den Urlaub mitgenommen?" Auch nach 25 Jahren in Afrika wundert sich Angelika manchmal noch.

„Ja. Dann kommt nicht jeder an die Formulare."

„Aha. Und, sagen wir mal … also, man soll ja eigentlich nicht an fremde Schubladen gehen, aber für Sie ist das ja im Grunde keine fremde Schublade, Sie arbeiten ja in demselben Amt, und so schwer zu knacken dürfte dieses Schloss nun auch nicht sein …"

Der Beamte schaut Angelika an. Sein Blick zeugt von Anerkennung. Diese Frau denkt praktisch.

„Da haben Sie recht. Zur Not könnte man das machen … Die Sache hat aber einen Haken: Ich bin mir ziemlich sicher, dass in der Schublade gar keine Formulare für die Beantragung einer Jagderlaubnis mehr sind. Die sind nämlich im letzten Monat ausgegangen. Und neue müssen erst in Arusha gedruckt werden. Das kann dauern. Sie wissen ja, wie die in Arusha arbeiten …"

„Ja, ja", sagt Angelika seufzend und erhebt sich. Sie weiß, dass das Gespräch noch nicht zu Ende sein müsste. Wenn sie ein paar Scheine aus der Tasche kramen würde, sähe die Lage sicher gleich ganz anders aus. Aber eine „honourable Sister" besticht niemanden. Und dass sie ehrenhaft ist, das ist hier ihr Name und der Ruf, den sie zu verlieren hat. Um an den Festtagsbraten zu kommen, wird sie sich etwas Neues einfallen lassen müssen.

Zurück in Kwa Ngulelo stellt sich ein neues Problem: Eine wohltätige amerikanische Stiftung hat vor einiger Zeit angekündigt, dem Verein „Help for the Massai" zwei Geländewagen schenken zu wollen. Die Freude war groß, und die Wahl der Wagen fiel nicht schwer: Belastbar sollten sie sein, kein noch so tiefes Schlagloch krummnehmen, Platz für Schüler, Kanister, Seesäcke und Töpfe bieten und nicht so vornehm ausgestattet sein, dass man den Ziegenkot nie mehr aus den edlen Bezügen kriegt. Und dann natürlich am besten noch quasi wartungsfrei laufen. Also wurden zwei Wagen einer bekannten Firma aus Fernost bestellt, die so gut wie alles herstellt, was in Afrika auf vier Rädern rollt. So rechtzeitig bestellt, dass die Autos sicher vor dem Fest da sein würden, um dann Gäste zu transportieren. Heute nun kam die frohe Nachricht: Die Autos sind da! – Da, aber noch nicht hier. Das heißt: Sie stehen im Hafen von Mombasa, und jetzt müssen sie „nur noch" nach Arusha überführt werden. Bevor der Mann am anderen Ende der knackenden Leitung fertig gesprochen hat, weiß Angelika schon, was das bedeutet: In Mombasa steht jemand am Zoll, der die Wagen nur gegen eine „kleine Gebühr" aus seiner Obhut entlassen wird, dann müssen sie über die kenianisch-tansanische Grenze gebracht werden, eine Gelegenheit, die der Grenzbeamte nicht verstreichen lassen wird, ohne etwas für sich herausholen zu wollen, auch wenn der Zoll ja bereits in Mombasa gezahlt wurde. Und wenn das mit der Grenze geklappt hat, will der Autohändler in Arusha für sein fernmündliches Mitwirken sicher auch noch belohnt werden … Na ja, sie hat natürlich geahnt, dass dieses Geschenk nicht ganz umsonst zu haben sein würde. Aber dann bekommt Angelika doch noch einen Schock: Die „kleine Gebühr" für den Hafenmitarbeiter in Mombasa soll zweitausend Euro betragen! Euro, das hat sie richtig gehört, man redet gar nicht über kenianische oder tansanische Schillinge.

„Die spinnen doch!", entfährt es ihr. Sie versteht ja, dass jeder, der sozusagen an der Strecke steht, etwas von diesem Transfer haben will. Und sie weiß auch, dass alle Beteiligten eine Familie haben, einen Neffen, der Geld fürs Studium braucht, einen Bruder, dessen Mofa gerade kaputtgegangen ist … Aber zweitausend Euro! Denen ist ja wohl jeder Realitätssinn verloren gegangen. Das wäre kein Dankeschön, sondern eine Bestechungssumme. Und die wird sie niemals zahlen – mal ganz abgesehen davon, dass sie gar nicht wüsste, woher sie sie nehmen sollte.

Aber jetzt wird es Zeit, zum Inder zu fahren. Nicht zu dem, der in Arusha für die leckersten Hähnchenteile bekannt ist, die open air gebraten werden und vom vielen Paprikapulver krebsrot sind. Deren Schärfe einem zusammen mit dem Rauch, dem sie brutzeln, die Tränen in die Augen treibt. Jutta will beim „Möbel-Inder" Bettgestelle kaufen und nach Malambo transportieren lassen. Viele Gäste werden Isomatten mitbringen und in Zelten schlafen, aber einige der nicht mehr so ganz jungen sollten doch ein richtiges oder ein annähernd richtiges Bett bekommen. Ein paar Steine, Bretter darüber, eine Schaumstoffmatte darauf – das wird in den meisten Fällen reichen. Aber der Botschafter, der Bischof, deren Frauen und vielleicht noch einige andere VIPs, die sollten schon ein echtes Bett bekommen. Und da ist ein Inder am Rande von Arusha genau die richtige Adresse.

Die geräumige Ausstellungs- und Verkaufshalle, in der Jutta eine Stunde später steht, bietet alles, was geeignet ist, aus einer bescheidenen afrikanischen Hütte einen Saal im Stil von Louis XIV. zu machen: Ausladende Sofas, bezogen mit purpurrotem Plüsch, stehen neben Tischen mit geschwungenen Beinen, darüber Kronleuchter. Der etwas ramponiert aussehende Kühlschrank mit Eiswürfel-Spender muss aus einer anderen Epoche sein, wirkt mitten in Arusha aber genauso exotisch.

„Habari, Ishan", begrüßt Jutta den Händler. „Ich brauche sechs Bettgestelle, aber richtig gute!"

„Sechs Bettgestelle!?" Ishan guckt etwas ungläubig. „Wofür brauchst du sechs Bettgestelle? Sag bloß, bei euch bricht der Luxus aus und jedes Kind im Internat kriegt jetzt sein eigenes Bett!"

44

Jutta und Dorrah

„Nein, nein, aber wir erwarten hohen Besuch. Lauter Leute, die man nicht auf dem Boden schlafen lässt. – Zeig mal, was du dahast."

Der Chef ruft zwei Helfer, Jutta klettert über ein paar Kleinmöbel und Teppiche, und schon nach einer Viertelstunde sind sechs Bettgestelle ausgesucht, die ganz passabel aussehen, deren Füße einen stabilen Eindruck machen und auf denen die Latten so festgenagelt sind, dass sie die Festtage überdauern dürften. Jedes Stück ein Unikat und hundert Prozent Handarbeit, das versteht sich von selbst. Deshalb sieht auch jedes Bett ganz anders aus als die anderen, aber das macht nichts, sie werden ja nicht alle nebeneinanderstehen.

Die nächste Viertelstunde gehört den Preisverhandlungen.

„Ich weiß, dieses Bett ist besonders schön", sagt Jutta. „Aber wenn du es mir zum selben Preis lässt wie anderen, wirst du auch einen Nutzen davon haben. In diesem Bett soll nämlich der deutsche Botschafter schlafen."

Ishan schaut seine Kundin ungläubig von der Seite an.

„Doch, wirklich, das ist kein Scherz. Wir werden ein Foto

vom Botschafter und von diesem Bett machen. Das kannst du dann hier im Laden aufhängen, und darunter schreibst du: *Ishan Furniture, Offizieller Betten-Lieferant des deutschen Botschafters*". Das wird deine Kunden beeindrucken und dir neue ins Haus bringen. Also – bleibt es bei einem Preis für alle?"

Die Verhandlungen sind abgeschlossen, als beide Seiten den Eindruck haben, sie seien die Gewinner. So gehört sich das hier. Zufrieden und freundlich verabschiedet man sich.

„Morgen werden zwei Männer aus Malambo mit dem Lorry kommen, die Betten abholen und dir das Geld bringen. Ich danke dir."

„Ich wünsche euch ein gutes Fest! Möge Gott euch alle segnen! Kwa heri, Jutta!"

4

Die verlorene Tochter

In die Schule gehen dürfen, jeden Tag. Naisharwa kann sich nichts Schöneres vorstellen. Englisch, Kisuaheli, Mathematik, Geschichte Ostafrikas, Biologie ... Mittags etwas zu essen bekommen und am Nachmittag weiterlernen – ein Traum. Lesen, Schreiben und die Grundrechenarten, das alles beherrscht Naisharwa längst. Sechs Jahre Primary School, die Grundschulzeit, hat sie erfolgreich beendet. Aber jetzt soll Schluss sein. Endgültig. Genug gelernt, sagt Ole Leyan, ihr Vater. Komm nach Hause, Naisharwa! Du hast sechs Jahre fern von zu Hause gewohnt und warst zu nichts nütze. Du hast keine Ziegen gemolken, kein Wasser geholt, keinen Mais gestampft und nie die Hütte gefegt. Alles mussten deine Mutter und deine Schwestern machen. Du kannst ihnen und mir dankbar sein, dass wir das so lange mitgemacht haben. Aber jetzt wird es wirklich Zeit, dass du wie eine normale Massai lebst. Du bist mit dreizehn Jahren doch kein Kind mehr!

Naisharwa weint. Wenn ihr Vater einen Wunsch äußert, ist das nichts, worüber sich diskutieren ließe. Sein Wunsch ist Befehl. Ole Leyans vier Frauen, seine vielen Söhne und Töchter, sie alle sind nicht nur seine Frauen und Kinder. Sie sind sein Besitz, sein Kapital, genau wie seine Kühe und seine Ziegen. Mit denen diskutiert er ja auch nicht.

Damals, vor sechs Jahren, hat Naisharwa auch geweint. Sie

wollte nämlich gar nicht in die Schule, weg von der Mutter und den Geschwistern, weg vom Boma und den vielen Kindern in der Nachbarschaft. So ganz genau wusste sie gar nicht, was eine Schule ist, aber es war ganz sicher kein Ort, an dem man neben seiner Mutter, dicht beim Feuer auf einer Kuhhaut, schlief. Aber Ole Leyan hatte beschlossen, dass eins seiner Kinder, und zwar Naisharwa, zur Schule gehen sollte. Ja, ja, er wusste, dass in Tansania allgemeine Schulpflicht herrscht. Aber welcher vernünftige Mensch konnte im Ernst verlangen, dass *alle* Kinder einer Familie zur Schule gingen? Das war ja wohl ein schlechter Scherz. Man stelle sich vor: Alle Kinder im Schulalter verlassen am Morgen die Hütten oder, schlimmer noch, sie leben monatelang an irgendeinem Ort, an dem es eine Schule gibt, und die Eltern stehen da und dürfen alles alleine machen: Kühe hüten, Feuerholz sammeln, die Babys auf dem Rücken tragen und die Kleinkinder beaufsichtigen ... Welche Verrückten in Daressalam hatten sich das wohl ausgedacht!? Aber Ole Leyan wollte nicht streiten und sich auch nicht mit der Polizei anlegen. Wenn es denn unbedingt sein musste, dann sollte seinetwegen eins seiner Kinder zur Schule gehen. Eins stellvertretend für alle, mehr konnte man wirklich nicht von ihm verlangen. Welches Kind es sein sollte? Da musste Ole Leyan nicht lange überlegen: auf jeden Fall ein Kind seiner ersten Frau. Aber nicht sein Liebling, die erstgeborene Tochter, sondern Naisharwa, dieser unruhige Geist, der für ein Mädchen viel zu viel redete und ihm schon oft auf die Nerven gegangen war.

Dass Naisharwa zur Schule geschickt wurde, war also alles andere als eine Auszeichnung. Es war ein Zeichen des guten Willens dem Staat gegenüber und eine gar nicht unwillkommene Gelegenheit, etwas für den Familienfrieden zu tun.

Doch jetzt ist Naisharwa dreizehn Jahre alt, sie spricht Kisuaheli fast so gut wie ihre Muttersprache Kimassai. Sie hat Freundinnen und Freunde, die mehr kennen als ihr heimisches Boma. Und sie hält ein Zeugnis in Händen, das sie problemlos für die Secondary School, die weiterführende Schule, qualifiziert. Und noch etwas ist geschehen, das ihr Vater sich nicht hätte träumen lassen: Naisharwa ist Christin geworden. In der Schule hat sie von Jesus gehört. Dass Gott nicht auf dem heiligen Berg, dem Feuer speienden Vulkan, geblieben ist, sondern als Mensch auf der Erde gelebt hat, so wie jeder andere Mensch auch. Aber doch auch anders als ein normaler Massai oder Swahili. Wer genau hinsah, konnte die göttliche Herkunft von Jesus erkennen. Er wurde manchmal zornig, aber er verletzte oder tötete niemanden. Er war oft müde und schwach, aber in ihm war doch eine Kraft, die stärker war als alle Krankheiten, sodass er diese Kraft sogar an andere Menschen weitergeben und sie heilen konnte. Er starb, weil er mächtige Feinde unter den eigenen Stammesbrüdern hatte. Aber sein Vater, Gott selbst, machte ihn wieder lebendig und nahm ihn zurück zu sich, in seine göttliche Welt.

Naisharwa hat das alles von einem katholischen Priester erzählt bekommen. Er ist Massai und unterrichtet Religion. Das ist wirklich erstaunlich. In ihrer Klasse waren von siebzig Schülern nur drei Massai, und dieser Priester ist schon vor mehr als zwanzig Jahren zur Schule gegangen! Naisharwa hat am Taufunterricht teilgenommen und ist, als sie zwölf Jahre alt war, getauft worden. Es war kein großes Fest und erst recht kein Familienfest, aber es war ein feierlicher Akt, bei dem die Täuflinge vor allem eins mit Spannung erwarteten: Welchen christlichen Namen würden sie wohl bekommen? Bei der Taufe bekommt man nämlich einen neuen Namen. Den ersten Namen erhält ein Mensch bei seiner Geburt. Es ist ein

Name, der den Eltern besonders gut gefällt. Den zweiten Namen bekommt man irgendwann im Lauf seines Lebens, wenn etwas Besonderes geschehen ist oder weil man sich durch irgendetwas von anderen Leuten unterscheidet. „Der Skorpionfänger", „die Einäugige", „der das Fieber abgeschüttelt hat" – das sind Namen, die sich niemand aussucht, sondern die man irgendwann einfach hat. Und dann sind da die Christen, die noch einen dritten Namen haben, ihren Taufnamen. Fast immer ist es ein Name, der in der Bibel vorkommt, aber manchmal ist es auch der Name eines Missionars oder irgendein Wort, das im Christentum eine Rolle spielt. Dann heißt ein Getaufter Abednego, Gerhard, Ebenezer oder auch Estomihi.

Wie auch immer: Wer Christ wird, beginnt ein neues Leben, und das macht der christliche Name jedem klar. Naisharwa hat bei ihrer Taufe den Namen Monica bekommen. Monica war eine Frau, die für ihren Sohn Augustinus so lange betete, bis er sein wüstes Leben aufgab und Christ wurde. Das ist eine schöne Geschichte, auch wenn sie nicht in der Bibel steht. Naisharwas Vater glaubt jedoch, dass seine Tochter bei der Taufe nicht nur einen neuen Namen bekommen hat, sondern dass irgendetwas im Taufwasser war, das sie verändert hat. Sie ist nicht mehr normal. Sie findet wichtige Sachen nicht mehr wichtig, und sie hat vor Dingen, die man fürchten muss, keine Angst mehr. Als Vater muss ihm das Sorgen machen. Und mehr als das: Er trägt die Verantwortung dafür, dass seine Tochter wieder normal wird. Wie das geschehen soll? Erst einmal hat Ole Leyan sich mit dem Laiboni beraten, dem Weisen, der gute und schlechte Geister kennt und ihr Wirken beeinflussen kann.

„Tu irgendwas, egal, was!", hat er ihn gebeten. „Unternimm etwas gegen die Macht des Taufwassers!"

Der Laiboni hat ihm eine schwarze Masse gegeben. Die soll

Naisharwa in das Wasser geben, mit dem sie sich wäscht. Aber Vorsicht: Diese Masse darf nur mit der linken Hand angefasst werden, sonst ist ihre Wirkung dahin!

Naisharwa hat den seltsamen schwarzen Klumpen ihrer Mutter gezeigt, als der Vater nicht in der Nähe war.

„Wirf das Zeug ins Feuer!", hat die Mutter mit großen, ängstlichen Augen gerufen. „Vielleicht macht es dich verrückt. Vielleicht stirbst du sogar, wenn du dich damit wäschst!"

Langfristig, das weiß Ole Leyan, gibt es nur einen Weg, um Naisharwa wieder zu Verstand zu bringen: Sie muss heiraten. Und zwar einen Mann, der vernünftig, also nicht mehr ganz jung, und der vor allem von ihm, dem Vater, ausgesucht worden ist. Und er hat auch schon eine Idee: Lamunyak ist etwa vierzig Jahre alt, er hat zwei Frauen und sieben Kinder, könnte also durchaus noch eine weitere Frau heiraten und für einige weitere Kinder sorgen. Und er ist sicher kein Spinner, Reformer, Christ oder sonst jemand, der vom guten alten Massaileben abweicht. Bei ihm würde Naisharwa sicher wieder zur Vernunft kommen. Sie würde Kinder bekommen, Ziegen melken, Ugali kochen und all das Überflüssige und Unsinnige vergessen, das man ihr in der Schule und in der Kirche beigebracht hat.

Vor Schuljahresende hat Ole Leyan es noch einmal im Guten versucht und Naisharwa einen Vorschlag gemacht: Sie sollte sich bei den Abschlussarbeiten an der Primary School mal ein bisschen dumm stellen und eine Note schreiben, mit der sie auf keinen Fall eine Empfehlung für die Secondary School bekommt. Aber Naisharwa ist nicht darauf eingegangen. Jedenfalls hat er einige Wochen später vom Lehrer die Botschaft erhalten, dass seine Tochter im neuen Schuljahr, gleich nach den Weihnachtsferien, an einer Secondary School beginnen könne. An einer Schule, die noch viel weiter von zu Hause entfernt ist als die Primary School! Man kann Naisharwa also offensichtlich nicht mit Vernunft kommen. Auf den freundlichen, aber bestimmten Satz: „Wenn du mich liebst, dann heiratest du Lamunyak", hat sie doch tatsächlich gesagt: „Ja, ich liebe dich und ich werde ihn heiraten. Aber erst nach dem Abschluss der Secondary School!" Selbst wenn man bedenkt, dass sie Lamunyak nicht kennt und dass sie vielleicht lieber die Frau eines schönen jungen Kriegers würde, ist das ungeheuerlich. Einfach dreist! Ole Leyan zuckt mit den Schultern. Dann ist ihr eben mit Freundlichkeit und gutem Zureden nicht zu helfen. Wenn sie so stur bleibt, wird er andere Saiten aufziehen müssen.

Naisharwa hütet die Ziegen. Es sind Weihnachtsferien, und unten in der Ebene, wo die Schule liegt, ist es brütend heiß. Aber hier oben, nicht weit vom Ngorongorokrater, wo ihre Familie zu Hause ist, lässt es sich gut aushalten. Ihr Boma liegt auf fast 2000 Meter Höhe, und da fällt selbst an Weihnachten manchmal ein erfrischender Regen. Ein kräftiger Schauer wäre auch heute schön und würde Kindern wie Tieren Spaß machen. Naisharwa hütet die Ziegen hier oben nämlich nicht allein, sondern mit einigen Mädchen aus ihrer Familie und Nachbarschaft. Wenn sie gemeinsam unterwegs sind, hat sie manchmal Lust, vom Unterricht und von den anderen Kindern, die sie kennt, zu erzählen. Aber sie ist hier weit und breit die Einzige, die zur Schule geht, und die anderen scheinen sie gar nicht richtig zu verstehen. Oder sie hören gar nicht erst zu. Was sie erzählt, ist einfach zu fremd, und ständig kommen Wörter vor, die Naisharwa lang und breit erklären muss, besser gesagt: erklären müsste. Was ist ein Heft? Was sind Hausaufgaben? – Ach, sie lässt es, es hat keinen Sinn. Das Gesprächsthema, das die älteren Mädchen hier gerade bewegt, ist für sie viel spannender: Naisharwas Mutter ist schon sehr lange nicht mehr schwanger geworden. Dabei weiß jeder, wie sehr sie sich einen zweiten Sohn wünscht. Bis auf eines sind alle ihre Kinder Mädchen, und jetzt scheint sie endgültig unfruchtbar geworden zu sein. Die Schwester der Mutter, das weiß man ja, hat jahrelang überhaupt keine Kinder bekommen, und als sie dann endlich schwanger war, brachte sie nur ein Mädchen zur Welt. Naisharwas Mutter hat schon eine Ziege am Fuße des Oldonyo Lengai geopfert, um Gott um Fruchtbarkeit zu bitten. Naisharwa war dabei. (Wegen dieses Brauchs dachte sie früher, die Babys kämen vom Berg herunter. Heute weiß sie es natürlich besser.) Ihre Mutter hielt beide Hände zum Himmel gestreckt, in jeder Hand ein Grasbüschel, das Zeichen für Versöhnung. Aus einer Kalebasse hatte sie vorher ein paar Tropfen Milch auf die Erde geschüttet. Und dann betete sie: „Engai, ich flehe zu dir. Höre mein Gebet! Ich bitte dich um Kinder. Allein und beschämt nehme ich meine Mahlzeiten ein. Denke an all die, die sich Kinder wünschen so wie ich. Höre auf die Gebete aller, deren Rücken ohne Kind ist, deren Bauch kein Baby trägt. Überlass mich nicht meinem Ehemann. Er ist ein Mann wie alle anderen und kümmert sich nicht um mich. Er zieht von Hütte zu Hütte und hält mich nicht warm auf meinem Lager. Er verscheucht nicht die Einsamkeit von meinem Rücken. Ich bitte dich um ein gesundes Kind, das alle Männer von mir fernhält. Ich werde dir dafür danken und alle Männer fortschicken, auch den Vater des Kindes. Erhöre mich!"

Bis jetzt haben ihr Gebet und ihr Opfer nichts genutzt, aber vielleicht liegt es ja auch am Vater? Die Mädchen kichern, als sie diese Möglichkeit erwägen. Manche Frauen werden ja erst schwanger, nachdem sie mal mit einem anderen die Kuhhaut geteilt haben. Wenn jedoch der Ehemann einige Monate oder Jahre später bemerken sollte, dass das Kind ihm nicht ähnlich sieht, wird es kritisch. Dann kann nur ein Test die Wahrheit ans Licht bringen: Vier Älteste kommen zu Besuch, und die Mutter muss in ihrer Gegenwart schwören, dass das Kind vom Ehemann ist, und zur Bekräftigung ihres Schwurs einen Becher Milch trinken. Hat sie gelogen, dann stirbt das Kind. Wenn sie das Leben ihres Kindes retten will, lässt sie den Becher stehen und nimmt lieber die Strafe auf sich. Sie wird ausgepeitscht, aber sie wird nicht verstoßen. Denn das Leben geht weiter, und letztlich versteht jeder, dass die Mutter genau richtig gehandelt hat.

Jetzt ist es Naisharwa, die nicht richtig zuhört. Die Mädchen haben dieses Thema schon so oft beredet, und dass sie, die „weit Gereiste" und „Oberschlaue" findet, dass ein Ehemann ohnehin kein Recht hat, seine Frau zu strafen, sagt sie lieber erst gar nicht. Es würde den Graben zwischen ihr und den anderen Mädchen nur noch vertiefen. Außerdem geht ihr gerade ganz anderes und viel Dringenderes durch den Kopf. Die Schulferien dauern nur noch ein paar Tage, und sie muss jetzt handeln. Sonst beginnt das neue Schuljahr in der Secondary School ohne sie, und in ein paar Wochen ist sie tatsächlich Lamunyaks Frau.

Als Naisharwa einige Stunden später am Feuer sitzt und mit ihrer Mutter und einigen der Geschwister den abendlichen Maisbrei isst, erzählt sie beiläufig, dass sie heute Nacht im Boma ihrer Tante schlafen möchte. „Dann musst du dich aber sputen, sonst wird es dunkel", sagt ihre Mutter. Naisharwa schaut sie dankbar an, etwas zu lange vielleicht, denn die Mutter blickt kurz fragend zurück. Dann nimmt die Tochter ein zusätzliches Tuch und die zwei Armreifen, die noch in der Hütte sind, und geht.

Der erste Schritt wäre geschafft.

Naisharwas Tante wundert sich nicht, als ihr Nichte am Abend zu ihr kommt. Verwandtenbesuch ist so etwas wie ein heiliger Brauch in Afrika und immer willkommen. Seltsam ist höchstens, dass Christina, Naisharwas Schulfreundin, auch noch auftaucht. Dabei wohnt sie viele Stunden entfernt, und sie scheint die ganze Strecke allein gewandert zu sein. Aber versteh einer diese Mädchen, die ständig mit Swahili und Wazungu zu tun haben! Die werden halt irgendwann selber komisch. Außerdem ist es spät, und für längere Erklärungen wird auch morgen noch Zeit sein.

Es ist etwa vier Uhr morgens, als Naisharwa und Christina auf Zehenspitzen die Hütte verlassen, barfuß und mit nichts als einem Tuch bekleidet, das sie über der Schulter verknotet haben. Ihre Sandalen und ihren Schmuck haben sie in der Hütte gelassen, damit die Tante am Morgen nicht gleich Verdacht schöpft. Vielleicht sind die beiden einfach früh aufgewacht und holen schon Wasser, soll sie denken.

Dabei gehen die Freundinnen, so schnell sie können, und ganz sicher nicht dorthin, wo sie andere Menschen treffen könnten. Einen einzigen kurzen Blick wagen sie zurück, aber es ist noch zu dunkel, und die Hütten hinter ihnen sind nur als schwarze Flecken zu erkennen. Kühl ist es, und die beiden wickeln ihre Tücher so eng es geht um ihre Körper. Sie sprechen kein Wort miteinander. Nicht nur, weil sie müde sind, sondern auch, weil die Angst so schwer auf ihnen lastet, als hätten sie das Feuerholz für eine ganz Woche auf dem Kopf.

Etwa fünfzig Kilometer sind es bis zur katholischen Missionsstation. Dort wird man ihnen helfen, aber in einem Tag ist die Strecke niemals zu schaffen. Zumal die beiden nicht den direkten Weg nehmen können, dort würde man sie zu leicht aufgreifen. Sie müssen Zickzack laufen, um den Männern zu entgehen, die ihre Väter sicher heute noch auf ihre Spur setzen werden. Als es um sechs Uhr hell wird, haben sie schon ein gutes Stück geschafft und erlauben sich eine Rast zwischen hohen Büschen, die Deckung bieten. Mit Stöcken hauen sie auf den Boden, um die Tiere zu verscheuchen, die hier eventuell auch gerade Rast machen. Dann hocken sie sich auf den Sandboden und wagen, ein wenig zu entspannen. Auch wenn ihre Augen unentwegt den Horizont absuchen und ihre Ohren auf jedes verdächtige Geräusch lauschen.

„Und? Hast du ihn gesehen?", fragt Naisharwa irgendwann, nachdem eine Weile alles ruhig geblieben ist.

Christina hat Naisharwa schon am Schuljahresende erzählt, dass auch sie verheiratet werden soll. Aber erst jetzt, in den Ferien, hat sie ihren zukünftigen Ehemann zum ersten Mal gesehen: einen Greis, der sicher sechzig, wenn nicht siebzig Jahre alt ist! Dass er nicht mehr ganz jung ist, hatte ihr Vater ihr bereits vor dem „Antrittsbesuch" erzählt. Aber nicht, dass er *so* alt ist! Er geht gebeugt und schlurfend und hat keinen einzigen Zahn mehr im Mund! So jemand erzählt sicher Geschichten aus der Kolonialzeit und hat Enkeltöchter, die Christinas Schwestern sein könnten.

„Niemals werde ich ihn heiraten, und wenn ich wochenlang durch den Busch laufen müsste!"

Beide schweigen wieder. Nach einer Weile fährt Christina fort: „Und du? Hast du ihn gesehen?"

„Nein, aber ich will ihn auch gar nicht sehen. Und wenn alles gut geht, werde ich ihn auch nie sehen. – Komm, wir gehen weiter. Es wird schon heiß."

Naisharwa und Christina wandern den ganzen Tag durch die Steppe, mal auf Pfaden, die Kuhhirten ausgetreten haben, mal ohne Weg und Steg quer durch die dornenreiche Weite. Und vor allem ohne Essen und Trinken. Etwas mitzunehmen wäre viel zu auffällig gewesen, und außerdem kennen die Massai keine Rucksäcke und kein Picknick. Wer unterwegs ist, erträgt Hunger und Durst. Das gehört zum Reisen, und deshalb macht man es ja auch nicht zum Spaß (ganz im Gegensatz zu den Wazungu, die ohne Not, einfach, weil sie nichts Besseres zu tun haben, tagelang kreuz und quer durch die Serengeti fahren – ständig eine Flasche am Mund und mit Picknickkörben, die sie ängstlich vor den wilden Tieren hüten). Als es dunkel wird, erreichen sie ein Boma und bitten die Bewohner, bei ihnen übernachten zu dürfen.

„Das Schuljahr beginnt, aber wir wollen nicht in die Schule", lügen sie tapfer. „Wir sind auf dem Weg nach Hause zu unseren Familien."

Dafür haben alle vollkommenes Verständnis. Naisharwa und Christina dürfen sich zu einer Familie ans Feuer setzen, greifen mit in die Schüssel und legen sich schließlich erschöpft nieder.

Wieder stehen sie am nächsten Morgen vor allen anderen auf. So müde sie auch sind – die Angst ist stärker und hat sie vor Sonnenaufgang geweckt. Die Mädchen wollen lästige Fragen vermeiden und ihren Vorsprung ausbauen. Ein zweiter Gewaltmarsch beginnt. Gestern haben die beiden sich noch manchmal über dies und das unterhalten, heute laufen sie schweigend nebeneinander her. Die Füße tun weh, die Tücher kleben am Körper, sie haben schrecklichen Durst, und je mehr sie sich ihrem Ziel nähern, desto größer werden nicht nur die Vorfreude auf Wasser und einen schattigen Schlafplatz, sondern auch Angst und Ungewissheit. Die Schule beginnt erst in drei Tagen. Vielleicht ist Father Ned noch gar nicht da, sondern bei seinen Brüdern von den amerikanischen Holy Ghost Fathers in Ferien? Wer wird sie dann aufnehmen und, wenn es sein muss, verstecken?

Als Naisharwa und Christina am Abend die Missionsstation in Enduli erreichen, bekommen sie einen Schreck – und sind zugleich erleichtert. Sie hatten keineswegs einen Vorsprung vor ihren Verfolgern. Die waren schon gestern hier. Neun Morani, junge Männer, die Ole Leyan sofort nach dem Verschwinden seiner Tochter losgeschickt hatte, bewaffnet nicht nur mit ihren Buschmessern, sondern zusätzlich mit Speeren. Aber sie sind auch schon wieder fort. Sie wollen weitersuchen, und wenn sie die Mädchen nicht irgendwo auf den Steppenwegen finden, bald wieder nach Enduli zurückkommen. Früher oder später werden die beiden ja dort aufkreuzen.

Es sind zwei Lehrer, die den völlig erschöpften Schülerinnen Bericht geben. Father Ned ist tatsächlich nicht da. Er macht zwar keinen Urlaub, aber er hilft beim Bau eines Hauses für Kinder, die in den Ferien nicht zu ihren Familien zurückkehren können, und wird sicher nicht vor dem ersten Schultag zurück sein. Enttäuscht, todmüde, aber auch froh, es bis hierhin geschafft zu haben, essen die Mädchen eine Kleinigkeit, waschen sich notdürftig und legen sich dann schlafen.

Naisharwa und Christina bleibt nur eine Verschnaufpause von zwölf Stunden, bis die Morani wieder das Schulgelände betreten. Christina liegt mit Kopfschmerzen und Übelkeit immer noch im Mädchen-Schlafsaal, aber Naisharwa überquert auf dem Weg zum Brunnen gerade den Hof, als das Tor aufgestoßen wird. Das sind sie!, weiß Naisharwa sofort. Und schon stehen sie vor ihr, neun junge Männer, von denen sie einige kennt, einige aber auch noch nie gesehen hat. Die Morani sehen verdutzt, dass das Mädchen, das sie suchen, direkt vor ihnen steht. Ganz allein, mitten auf dem Hof. Vor Schreck erstarrt und unfähig wegzulaufen. Aber keiner von ihnen rührt sich. Keiner packt die Entlaufene. Keiner richtet auch nur das Wort an Naisharwa. Verächtlich schauen sie sie an. Einen

Moment ist es vollkommen still im Hof. Nur ein Huhn gackert auf Futtersuche leise vor sich hin. Erst als die Tür des Lehrerhauses aufgeht und Rinjo und Alakara, zwei Lehrer, den Hof betreten, kommt Bewegung in die Gruppe. Die Lehrer erfassen sofort, wie gefährlich die Lage ist, und stellen sich dicht nebeneinander. Die Morani nehmen selbstbewusst Aufstellung. Neben der kleinen Naisharwa wirken sie noch größer, als sie ohnehin schon sind. Ihre Speere blitzen in der Sonne. Es beginnt eine Art Verhör.

Der Anführer der Morani tritt auf den älteren der Lehrer zu und fragt ihn: „Gehört Naisharwa euch oder uns?"

„Sie gehört euch", sagt Alakara. Seine Stimme bebt. Offensichtlich hat er nicht nur Angst um Naisharwa, sondern auch um sich selbst. Und auch wenn er keine Angst hätte: Niemals würde er wagen, an den „natürlichen" Besitzverhältnissen zu zweifeln! Außerdem sind sie nur zu zweit und die Morani zu neunt.

„Warum ist sie dann bei euch?", fragt der Krieger weiter.

„Weil sie in die Secondary School gehen möchte."

„Das will ihr Vater aber nicht. – Naisharwa, gehst du mit uns?"

„Nein."

Naisharwa zögert einen Moment und blickt die Krieger an. Die jüngsten sind kaum älter als sie selbst, aber mit ihrem gepflegten Haarputz, dem reichen Schmuck und den langen Speeren in der Hand sehen sie beeindruckend aus. Und auch beängstigend stark.

„Ich will nicht mitgehen, aber ich weiß, dass ihr die Macht habt", fügt sie deshalb hinzu. Provoziere sie nicht. Sei lieber listig als frech. Dir wird schon was einfallen, sagt ihr eine innere Stimme.

Und Naisharwa fällt prompt etwas ein.

„Ich muss mal. Darf ich zur Toilette?"

Toilette? Die Krieger kennen das Wort nicht, weil sie auch den Ort, den es bezeichnet, nicht kennen. Im Boma gibt es keine Toiletten, aber viel Platz in der weiten Steppe. Einer der jungen Männer hat das Wort aber schon mal gehört und glaubt zu wissen, was Naisharwa meint. Er nickt, und schon ist sie verschwunden.

Das Toilettenhäuschen hat einen großen Vorteil, den kein anderer Ort in Enduli bietet: Es hat innen einen Riegel, mit dem man sich einschließen kann. Als Naisharwa ihn umlegt, atmet sie erst einmal tief durch. Dann kniet sie sich auf dem wenigen Platz, der neben den Balken über dem übel riechenden Loch bleibt, nieder und betet: „Rette mich! Rette mich!" Etwas anderes bringt sie nicht heraus. Die Angst macht jeden Gedanken unmöglich. Erst jetzt, als sie allein ist, merkt sie, wie stark sie zittert und dass ihr übel ist.

Draußen umstellen die Krieger das Häuschen. Sie hört ihre Stimmen. Einer versucht einen Scherz zu machen, aber die anderen gehen nicht darauf ein. Die Männer rufen sich im bellenden Ton Befehle zu, die Stimmung ist aggressiv. Kein Wunder, denkt Naisharwa. Mein Vater hat sie vor drei Tagen losgeschickt, und sie haben mich immer noch nicht gefangen. Sie haben Angst vor seinem Zorn.

Ein Krieger rüttelt an der Tür. „Naisharwa, mach auf! Wenn du nicht sofort aufmachst, treten wir die Tür ein. Komm jetzt raus!"

Naisharwa steht auf. „Gott, warum bin ich keine Bantu? Warum gelten für mich die Gesetze der Massai? Ich will nicht zurück nach Hause!", betet sie. Hoffentlich denken die Lehrer wenigstens daran, Christina zu warnen. Nicht dass sie aus Versehen in den Hof kommt.

Naisharwa wischt sich die Tränen aus dem Gesicht. Es hat

keinen Sinn. Sie kann nicht in dieser Bretterbude bleiben, die bestimmt umfällt, sobald der Erste mit Gewalt gegen sie tritt. Sie legt den Riegel um und tritt ins Sonnenlicht. Vor ihr bauen sich sofort alle neun Krieger auf. Naisharwas Angst wandelt sich für einen Moment in Wut.

„Bin ich ein Löwe? Warum wollt ihr mich umbringen? Wisst ihr nicht, was mich erwartet?", schreit sie die Krieger an.

Einer holt aus, um sie zu schlagen, aber ein anderer fällt ihm in den Arm.

„Nein, lass sein, das erledigt ihr Vater. Er ist bestimmt schon unterwegs hierher."

„Aber wenigstens eine Ohrfeige muss sie haben", antwortet der Erste und teilt so kräftig aus, dass Naisharwas Kopf gegen die Bretterwand schlägt. Für einen Augenblick vergehen ihr Hören und Sehen. Sie taumelt, fängt sich wieder, aber sie weint nicht.

„Bringt mich um, aber ohrfeigt mich nicht." Ihre Stimme ist laut und klar.

Die Krieger sehen sie mit großen Augen an.

„Ja, ich meine es ernst: Bringt die Geschichte zu Ende und tötet mich. Wenn mein Vater euch nur geschickt hat, damit er durch meine Hochzeit endlich an seine Kühe kommt, dann will ich lieber tot sein, als verkauft zu werden."

Plötzlich fangen die Krieger schallend an zu lachen.

„Frauen haben ja so wenig Verstand!"

„Und wenn sie wütend sind, verlieren sie das Wenige, was sie haben, auch noch!"

Während die Krieger lachen, hat Naisharwa einen kurzen Moment, um nach den Lehrern Ausschau zu halten. Sie stehen immer noch im Hintergrund und beobachten das Geschehen. Allerdings hat einer von ihnen ein Funkgerät in der Hand. Ob er schon Hilfe gerufen hat?

Doch mit der heiteren Stimmung ist es schnell vorbei. Ein Langer, Kahlgeschorener verliert die Geduld: „Jetzt reicht es, du unverschämtes Ding. Gehst du mit uns? Ja oder nein."

„Nein."

„Also gut. Du hast es nicht anders gewollt." Der Lange tritt auf Naisharwa zu, spuckt vor ihr auf den Boden und auf ihre Füße, packt sie dann mit beiden Händen und legt sie sich über die Schulter. Mit großen Schritten geht er zum Tor, alle anderen Krieger folgen ihm. Aus dem Augenwinkel sieht Naisharwa die beiden Lehrer. Hilflos und klein sehen sie aus.

Etwa drei Kilometer tragen die Krieger ihre „Beute" abwechselnd. Inzwischen wird es Mittag, und die sengende Sonne ist kaum noch zu ertragen.

„Ich bin doch nicht blöd und trag diese Giftschlange auch noch", sagt ein Moran, der die Last übernehmen soll, als sie unter einem Baum kurz im Schatten stehen bleiben. Er packt Naisharwa und stellt sie auf den Boden. „Lauf selbst!"

„Ich gehe nicht nach Hause", antwortet Naisharwa, „eher lasse ich mich von euch umbringen!"

Die Krieger schauen sich an. Da steht ein Mädchen und sagt ihnen, was sie will und was sie nicht will. Und diese Frechheit sollen sie damit belohnen, dass sie sie noch anderthalb Tage lang durch die Steppe schleppen? Es reicht ihnen. Sie sind hier allein, kein Mensch beobachtet sie, und was Naisharwa später einmal von diesem Tag erzählen wird, dürfte kaum Glauben finden. Was hindert sie also? Ein Krieger reißt ihr das Tuch vom Körper, sodass nur das kleinere Tuch, das sie um die Hüften trägt, übrig bleibt. Ein anderer nimmt seinen Gürtel ab, mehrere suchen Stöcke. Der Lange, Kahlgeschorene bindet Naisharwa mit zwei Stricken am Baum fest. Jetzt kann sie nur noch den Kopf bewegen, Hände und Füße sind gefesselt.

„Kommt, Leute! Sie soll ihre Strafe schon hier haben."

Der erste Schlag trifft Naisharwas Schulter. Sie zuckt zusammen und reißt ihren Kopf unwillkürlich zur blutenden Schulter hinüber. Aber da trifft sie schon der zweite Schlag. Jetzt ist es ihr Oberschenkel, von dem ein rasender Schmerz ausgeht. Was ist mit ihrem Bein? Sie möchte hinunterschauen, aber sie kann ihren Oberkörper nicht nach vorne beugen. Sie will schreien, aber sie hat das Gefühl, keine Luft zu bekommen. Und schon fühlt sie einen weiteren Schlag.

„Sie bringt Schande über uns!", ruft der Krieger vor ihr, während er seinen Stock erneut hebt. Und jetzt kennen auch die anderen keine Hemmungen mehr. Sie schlagen Naisharwa mit Stöcken und Gürteln, bis ihr blutüberströmter Körper am Baum herunterrutscht. Die verknoteten Stricke haben sich gelockert, aber das misshandelte Mädchen kann ohnehin nicht mehr fliehen.

„Was ist das für ein Gott, zu dem du in Enduli gebetet hast!? Ruf ihn doch! Bitte ihn zu kommen und dir zu helfen!", ruft ein Krieger und wirft seinen Stock in hohem Bogen ins Gebüsch.

So ein Gewaltausbruch macht immer nur kurze Zeit Spaß, und außerdem sollen sie das Mädchen dem Vater ja lebendig übergeben.

„Genau. Wo steckt dein Gott denn?", fragt ein anderer.

„Mein Gott ist auch euer Gott. Er kommt nicht einfach. Aber er hört mich." Naisharwa wundert sich selbst, dass sie noch sprechen kann.

„Unser Gott? Quatsch! Wir sind doch keine Christen!"

Ein Moran kniet sich neben Naisharwa und löst die Fesseln.

„So, jetzt kommst du mit. Und zwar auf eigenen Beinen."

Als er sich aufrichtet, erschrickt er. Ole Leyan steht vor ihm.

„Wer hat euch befohlen, sie zu schlagen?", fragt er in die Runde. „Ihr solltet sie suchen und nach Hause bringen. Mehr nicht. Alles andere erledige ich als Vater."

Die jungen Krieger blicken auf den Boden. Keiner wagt es, den Vater anzusehen. Einige beschäftigen sich intensiv mit ihren Gürtelschnallen. Was wird der Vater sagen? Wird er sie nur anbrüllen? Was sonst wird ihm zu ihrer Bestrafung einfallen?

Aber Ole Leyan spricht kein Wort. Er versucht gar nicht, einen Verantwortlichen auszumachen, um ihn sich vorzunehmen. Eine Weile steht er stumm da. Dann hockt er sich neben seine Tochter auf den Boden und weint.

Was für ein peinlicher Anblick! Ein schwacher Krieger, alt und rührselig. Die jungen wenden sich von der unangenehmen Szene ab und wagen auch einander kaum anzusehen.

„Es tut mir leid, Naisharwa", sagt Ole Leyan schließlich. „Ich hätte sie nicht schicken dürfen. Wenn wir zu Hause sind, wirst du dich erholen. Und wenn du wieder ganz gesund bist, darfst du zur Schule gehen. Das verspreche ich dir. Und jetzt gehen wir."

Auf eigenen Beinen muss Naisharwa den Rückweg schaffen. An Leib und Seele verletzt, die äußeren Wunden nur notdürftig gereinigt, schleppt sie sich 45 Kilometer durch die Hitze. Zweimal übernachtet sie mit ihrem Vater in Boma, die am Weg liegen. Ole Leyan ist zu alt, um seine Tochter zu tragen, und die Morani sind mit ihrem viel schnelleren Tempo schon nach den ersten Stunden außer Sichtweite.

Naisharwa hat seit der Ankunft ihres Vaters kein Wort gesprochen. Und auch der Vater schweigt. Stumm gehen, stolpern, schlurfen sie nebeneinander her. Bis sie das heimatliche Boma erreichen. Naisharwas Mutter nimmt ihre Tochter in den Arm und weint. Das Mädchen braucht ihr nicht zu

Frauen beim Wasser holen …

… und am „Feierabend"

*Eine Frau aus
Naisharwas Dorf*

Schüler beim Morgengebet

In einer Hütte

Drei Generationen, eine Familie

Bei einem Gesundheitsseminar

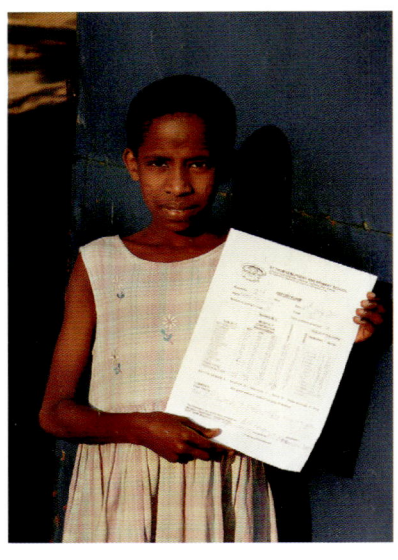

Eine Internatsschülerin zeigt
ihr Zeugnis

Moderne Zeiten

Der Oldonyo Lengai bricht 2007 mehrmals aus

…assiert ist. Man sieht es ihr an, und jede Frau,
…anz jung ist, weiß, wie die Strafe für Ungehor-

…iegt sich in der Hütte auf die Kuhhaut, die Mut-
t… …ihr Milch und etwas Ugali, aber die Tochter bringt
nich… …inunter. Sie möchte noch nicht einmal an Essen denken. Und sie sagt nach wie vor kein Wort.

Ole Leyan hat sich freundlich, geradezu höflich von ihr
verabschiedet. „Hab keine Angst", hat er gesagt, „du musst
wirklich keine Angst mehr haben."

Naisharwa schläft. Wie lange, weiß sie nicht, sicher den ganzen Tag, die folgende Nacht, in den nächsten Tag hinein …,
bis sie aufwacht, weil sie „Besuch" bekommt. Die zwei Männer, die vor ihr stehen, kennt sie nicht. Und sie hat auch keine Gelegenheit, sie zu fragen. Denn alles geht ganz schnell.
Einer hält ihren Kopf fest, einer durchsticht ihr das linke
Ohrläppchen am oberen Rand und steckt ein kleines Stück
Holz hinein, damit das Loch offen bleibt. Danach fasst der
eine ihren Kopf fester von hinten, und der andere bricht ihr
mit dem Messer die beiden unteren Schneidezähne heraus.

„So", ist alles, was er sagt, während Naisharwa noch völlig
benommen das Blut, das aus ihrem Mund tropft, mit dem
Tuch auffängt. „Und morgen wirst du beschnitten."

So plötzlich, wie die Männer gekommen sind, so plötzlich
sind sie wieder verschwunden.

Mein Vater hat mich also belogen. Ich werde zu einer ganz
normalen Massaifrau gemacht, wie alle anderen auch. Die Gewissheit legt sich wie eine schwere Last auf Naisharwas Brust.

Er hat mich getäuscht. Und ich habe mich täuschen lassen.
Aber was hätte ich auch machen sollen, wenn ich geahnt hätte, dass er lügt? Und was soll ich jetzt tun? Nichts, gar nichts

kann ich tun. Ich kann nicht wegrennen, so schwach, wie ich bin. Ich kann mich nicht wehren, es wäre lächerlich. Zu schreien hätte überhaupt keinen Sinn. Wer soll mir denn helfen? Meine Mutter vielleicht? So ist das Leben, mein Kind, würde sie sagen. Das haben wir alle erlebt. Ob sie draußen steht und an der Wand der Hütte horcht?

Naisharwa spürt mit der Zunge in die Zahnlücke hinein. Jeder richtige Massai hat unten eine Lücke. Wenn sie stirbt, wird ihr Geist den Weg aus ihrem toten Körper finden, selbst wenn sie im Krampf die Zähne fest aufeinander gebissen haben sollte. Warum sie bisher noch kein Ohrloch hatte, weiß sie gar nicht. Vielleicht hat man es einfach zu stechen versäumt, bevor sie in die Schule kam.

Naisharwa weint leise, ihr Unterkiefer tut weh, und ohnehin spürt sie noch jeden Knochen, wenn sie sich auf dem Lager bewegt. Aber sie schläft wieder ein – bis sie davon aufwacht, dass jemand sich ganz dicht neben sie auf die Kuhhaut legt. Es ist ein Mann, nicht ganz alt, aber auch nicht mehr jung, soweit sie das im schwachen Schein des Feuers beurteilen kann. Es muss inzwischen Nacht geworden sein, sie hat es nicht bemerkt. Naisharwa kennt diesen Mann nicht, aber sie ahnt, wer es ist.

„Tust du, was ich will?", fragt er, kaum dass sie die Augen aufgeschlagen hat.

„Ich weiß nicht mal, wer du bist", antwortet sie. „Was – was machst …?"

Sie kommt nicht weiter, denn der Fremde hält ihr den Mund zu. Naisharwa versucht sich aufzusetzen, aber er drückt sie nieder. Er ist stark, und er reißt ihr mit einer Hand das Tuch vom Leib.

Als Naisharwa wenig später wieder allein ist, hat sie das Gefühl, eine Welle rolle über sie hinweg und drücke sie tief in den Boden der Hütte. Es ist eine Welle von Schmerz, von Scham, von Demütigung, aber auch von Wut. Naisharwa könnte nicht sagen, was ihr wehtut. Sie fühlt keine einzelne Wunde. Es ist alles ein einziger großer Schmerz. Mit jeder Faser ihres Körpers spürt sie, wie allein sie ist. Ihr Vater hat sie ausgeliefert. Ihr zukünftiger Mann durfte sich schon vor der Beschneidung und Hochzeit „holen", was ihm gehört. Jedenfalls so gut wie gehört; die meisten Kühe hat er als Anzahlung schon übergeben. Ihr Körper wird von nun an sein Eigentum sein. Etwas, mit dem er machen kann, was er will.

Am Abend bekommt Naisharwa noch einmal Besuch: Die Beschneiderin, eine alte Frau aus einem benachbarten Boma, tritt an ihr Lager.

„Bist du bereit?"

„Nein", antwortet Naisharwa. „Frag die anderen im Boma, warum ich hier bin."

Sie will nicht mit der Beschneiderin reden. Sie will nichts erklärt bekommen, und sie will nichts verstehen. Die alte Frau wird morgen früh ihre Aufgabe erledigen, dann wird sie ihren Lohn bekommen und verschwinden. Und Naisharwa wird es über sich ergehen lassen, weil sie keine Wahl hat. Obwohl ihr Vater offenbar tatsächlich glaubt, sie hätte die Kraft zu fliehen. Warum sonst hat er der Beschneiderin befohlen, die Nacht neben ihr in derselben Hütte zu verbringen?

Es ist noch kaum hell, als sich die ersten Zuschauer einfinden. Eine Beschneidung ist ein spannender Akt, der viel über den Charakter der „Patientin" verrät. Wird sie weinen? Schreien? Oder die Schmerzen mit zusammengebissenen Zähnen heldenhaft ertragen? Nur Frauen und Mädchen dürfen zuschauen, aber die jungen Männer und Väter warten schon auf ihren Bericht. Und natürlich weiß Naisharwa, dass auch ihr Bräutigam vor der Hütte steht.

Naisharwa weint nicht, sie schreit nicht, sie scheint gar nicht richtig anwesend zu sein. Man könnte fast meinen, sie schwebe über ihrem Körper. Oder sie sei in einem Meer von Schmerzen bereits untergegangen. In einem Meer körperlicher und seelischer Schmerzen ertrunken.

Drei Tage nach dem Beschneidungs„fest" – mit Ausnahme von Naisharwa hat das ganze Boma gefeiert – kündigt eine Staubwolke die Ankunft eines Geländewagens an. Das Auto hält an der äußeren Dornenhecke, und fünf Männer steigen aus, jeder mit einem Gewehr am Gürtel. Einer ist ein hoher Beamter der Distriktpolizei, die anderen vier sind einfache Polizisten. Sie fragen nach Naisharwa und gehen dann ohne langes Begrüßungsritual schnurstracks in die Hütte, in der sie immer noch allein liegt. Woher kennen sie Naisharwa? Wer mag sie gerufen haben? Ole Leyan ahnt es, aber er steht mit versteinertem Gesicht da. Vor ein paar Tagen, gleich nach der Beschneidung, hat Loi, der Sohn seiner dritten Frau, ihm klipp und klar gesagt, was er von der Geschichte hält. „Du behandelst deine Tochter wie ein Stück Vieh, das sich schlecht verkaufen lässt."

„Sie ist meine Tochter und nicht deine. Halt dich da raus", hat er geantwortet. Loi ist einfach weggegangen, ohne ein weiteres Wort. Und jetzt dieser überfallartige Besuch …

Die Polizisten stehen eng gedrängt und mit gebeugtem Rücken in der kleinen Hütte. Das wenige Licht, das durch die Ritzen dringt, und der Rauch des Feuers, das Tag und Nacht brennt, machen es schwer, die Verletzungen des Mädchens genau zu erkennen. Aber das, was die Männer sehen, reicht, um auch hartgesottene Kerle wie sie zu erschüttern. Naisharwas Gesicht ist verquollen, blaue Flecken bedecken ihren ganzen Körper, auf der Kuhhaut mischen sich frische Flecken mit

68

Lachen von geronnenem Blut. Der Chef der Gruppe kann nichts sagen. Er bedeutet Naisharwa lediglich mit einem Handzeichen, aufzustehen. Ein anderer hilft dem zitternden Mädchen auf die Füße, ein weiterer stützt sie, und so gehen sie zusammen ganz langsam, Schritt für Schritt, zum Auto. Der Platz in der Mitte des Boma ist wie leer gefegt, niemand möchte den Polizisten Rede und Antwort stehen müssen. Und die verzichten von vornherein darauf, einen Schuldigen zu suchen. Denn was heißt hier schon Schuld? Ist ein Einzelner schuld? Ist es die traditionelle Massaikultur? Oder legen die Massai die Regeln ihrer Kultur irgendwie falsch aus? Die Polizisten – allesamt Bantu – können nur mit dem Kopf schütteln. So sind sie eben, die Massai. Vorfälle wie diesen hier erleben sie immer wieder. Wenn sie die Wahl hätten, würden sie lieber woanders arbeiten, nicht bei diesen Wilden. Aber was soll's. Jetzt bringen sie eben das Mädchen ins Krankenhaus. Die Fahrt auf der schlaglochreichen Piste ist zwar für die Verletzte eine weitere Tortur, aber zwei Polizisten geben sich alle Mühe und helfen Naisharwa, die Fahrt halb liegend zu überstehen.

Sommer 2007. Naisharwa ist jetzt doppelt so alt wie damals, als ihr „freies Leben" im stickigen Vielbettzimmer eines Provinz-Krankenhauses begann. Sie sitzt in einem Restaurant am Rande von Nairobi und erzählt ihre Geschichte. Cordhose, Lederjacke, ein bunter Schal zum Schutz gegen die winterlichen 20 Grad – man könnte meinen, eine unbeschwerte, junge, moderne Afrikanerin vor sich zu haben. Ab und zu unterbricht ein Summton ihres Handys das Gespräch. Dann ist eine neue SMS eingegangen und sie muss kurz mal schauen, wer da geschrieben hat. Doch wenn sie redet, fällt auf, dass die zwei unteren Schneidezähne fehlen. Und auf beiden Wangen

69

zeugen kreisrunde Brandmale davon, dass ihre Eltern Angst vor dem bösen Blick hatten und ihr Kind durch diese zusätzlichen „Augen" vor Unheil schützen wollten. Während sie erzählt, muss sie immer wieder eine Pause machen, die Tränen hinunterschlucken, ein Taschentuch hervorkramen, einige Sekunden stumm auf ihre Hände schauen und die Lippen zusammenpressen. Das Hähnchenfleisch mit Mangostücken auf dem Teller vor ihr duftet verführerisch, und am Rande des kleinen Bachs, der neben der Restaurantterrasse plätschert, streiten sich zwei paradiesisch bunte Vögel. Aber Naisharwa hat keinen Appetit, und die Vögel sieht sie gar nicht. Ihr Bericht lässt alle Qualen eines geschundenen und verlassenen Kindes wieder lebendig werden.

Father Ned hat sie damals nach ein paar Tagen im Krankenhaus abgeholt. Der District-Officer, der ranghöchste Lokalpolitiker, dem es peinlich war, dass dieser Fall sich zumindest teilweise auf dem Gelände der amerikanischen Missionsstation abgespielt hatte, übernahm die Kosten.

Naisharwa begann das Schuljahr in der Secondary School – und stellte bald fest, dass sie schwanger war. Father Ned sorgte dafür, dass sie weiter zur Schule gehen konnte, und begleitete sie, als es so weit war, ins Krankenhaus. Zu der kleinen Tochter, die die Vierzehnjährige damals bekam, hat sie bis heute kein Verhältnis, jedenfalls kein Verhältnis, das dem entspricht, was man von einer Mutter und ihrem Kind erwartet. Naisharwa hat das Baby nach der Geburt gar nicht richtig angeschaut. Sie wollte nicht darüber nachdenken, ob es irgendjemandem ähnlich sah, den sie nur ein einziges Mal im Halbdunkel gesehen hatte. Per „Buschfunk" wurde Naisharwas Mutter benachrichtigt. Sie kam, holte das Baby, stillte es … Bis heute kann Nabulu nicht glauben, dass ihre Mutter gar nicht ihre Mutter, sondern ihre Großmutter sein soll. Obwohl Naisharwa es ihr erzählt hat, als sie sieben Jahre alt war, und bei den seltenen Anlässen, zu denen sie ihre Tochter sieht, immer wieder erzählt.

„Quatsch, Naisharwa, du bist meine Schwester! Meine große Schwester aus der Stadt", sagt die Kleine dann, lacht und wechselt schnell das Thema. Nach ihrem Vater hat sie nie gefragt.

Naisharwa beendete die Secondary School mit einem guten Abschluss, machte ein halbes Jahr Freiwilligendienst bei einer NGO – einer sogenannten Nichtregierungsorganisation – in Arusha, besuchte dann mit der Unterstützung einer ausländischen Organisation die Hochschule Makumira bei Arusha, wo weiße und schwarze Studenten gemeinsam alles lernen, was man braucht, um eine NGO zu leiten, und bekam schließlich sogar ein afrikanisches Stipendium: Die Ngorongoro Conservation Authority, eine Organisation, die sich dem Schutz der einzigartigen Natur und ihrer Bewohner rund um den berühmten Krater verschrieben hat, finanziert seit einem Jahr ihr Studium der Soziologie und Politik an der Catholic University of East Africa, einer katholischen Hochschule in Nairobi.

Doch Naisharwa ist nicht einfach eine „Entronnene", die heilfroh ist, ihr Boma hinter sich gelassen zu haben. Sie vermisst ihre Familie, sie ist oft krank, und in ihren Träumen ist sie weiter das Mädchen, das sich nicht wehren kann. Vor Jahren ist sie einmal zu einem indischen Arzt gegangen. „Wenn du nicht zur Wahrheit stehst, wirst du sterben", hat er ihr in seiner direkten Art gesagt. „Du bist eine Mutter, auch wenn du so lebst, als wärst du keine. Aber du wolltest doch eine Frau werden, oder? – Also! Und jede Frau muss ein Kind bekommen. Du hast deins eben nur ein bisschen früher bekommen. Das ist alles. Vielleicht war es ja gut so. Jetzt studierst du. Und wenn du Probleme hast und mit einer Frau reden willst, dann geh zu Sister Angelika."

Eines Tages stand Naisharwa vor Angelikas Tür, und gemeinsam haben sie eine Sorge aus der Welt geschafft, die Naisharwa bis dahin oft um den Schlaf gebracht hatte: Wie konnte sie verhindern, dass Nabulu genau wie sie beschnitten werden würde? Das Mädchen war erst sechs Jahre alt, aber es konnte gut sein, dass die Familie aus Angst vor dem Einfluss, den Naisharwa eines Tages auf sie haben könnte, die Beschneidung früher vornehmen würde. Das hätte sie sich nicht verzeihen können, auch wenn Nabulu in ihrem Herzen „nur" ihre Schwester ist und nur der Kopf ihr sagt, dass sie für eine Tochter Verantwortung trägt.

Angelika und Jutta hatten eine Idee, die sich bald schon umsetzen ließ: Nabulu konnte in „Living Water", einem Internat der Familie Kimaro, einziehen, in unmittelbarer Nachbarschaft von Kwa Nguleo. Dort erhält Nabulu eine Schulbildung, die von Paten finanziert wird, und kann doch ab und zu ihre Familie besuchen. Bei diesen Besuchen begleitet Naisharwa ihre Tochter jedoch oder gibt sie in die Obhut einer Tante, die die Angst der Mutter kennt und zu ihr hält.

In all den Jahren hat Naisharwa es vermieden, ihren Vater wiederzusehen. Immer wieder mal hatte sie gerüchteweise gehört, dass er zunehmend dem Alkohol verfallen sei. Dennoch traf die Nachricht von seinem Tod sie unvorbereitet. Sie saß in Nairobi in der Uni-Bibliothek, als der Anruf sie erreichte. Da war ihr Vater schon fast zwei Wochen tot. Ein Mann aus ihrem Boma war zwei Tage gelaufen, um die Nachricht einem Massai zu überbringen, der ein Handy besaß. Und als der einige Tage später in die Nähe eines Sendemastes kam, rief er Naisharwa an. Sie reiste sofort los.

War sie traurig? Oder doch erleichtert? Sie wusste es selbst nicht. Auch wenn sie in der Nähe gewesen wäre, hätte sie kein Recht gehabt, den Toten noch einmal zu sehen, um Abschied zu nehmen. Das dürfen nur seine erste Frau und deren erstgeborener Sohn. Aber sie wollte bei ihrer Familie sein. Einfach neben der Mutter sitzen, die Schwestern umarmen und bis in die Nacht hinein draußen am Feuer bleiben, ohne Angst zu haben.

Am Morgen ihrer Abreise stand sie an der Bushaltestelle und wartete auf den Dalladalla Richtung Stadt. Neben ihr stand ein junger Mann. Wie ein Blitz durchzuckte es Naisharwa: Es war einer der jungen Männer, die sie damals gefesselt und geschlagen hatten! Erst wollte sie wegschauen, aber dann sah sie ihm ohne Angst in die Augen und sagte: „Ich lebe noch. Und ich halte mich immer noch zu diesem Gott. Er ist damals nicht vom Himmel herabgestiegen, aber er hat mich erhört."

5

Auf schwankendem Grund

In den ersten Sekunden könnte man es noch für einen plötzlich aufkommenden Sturm halten. Die Eisengitter vor dem Fenster beginnen erst langsam und dann stärker zu rappeln. Die Tür ächzt. Draußen ist es mit einem Mal laut geworden. Aber dann spürt Angelika eine Erschütterung unter ihren Füßen, und das Sofa, auf dem sie sitzt, scheint für einen kurzen Moment auf einem Schiffsdeck zu stehen.

„Ist das ein Erdbeben?", fragt Kira, eine deutsche Praktikantin, und schaut die Sister mit großen Augen an.

„Genau. Aber nichts gegen letzte Woche."

Und da ist das Spektakel auch schon vorbei. Für wenige Sekunden ist es ganz still, dann fangen draußen alle Hunde der Nachbarschaft wie auf ein Zeichen hin zu bellen an.

Es ist spät abends, Kira ist erst vor zwei Tagen angereist, heute Abend erklären Angelika und Lucy, eine kenianische Mitarbeiterin, welche Dinge bis zur Schuleinweihung in Malambo noch zu tun sind und was Kiras Aufgaben sein könnten.

„Die Internats-Kinder haben morgen noch einmal Schule und kommen etwas früher nach Hause, weil es Zeugnisse gibt. Dann geben wir ihnen einen kleinen Imbiss, ein Stück Mango oder eine Orange. Das könntest du vorbereiten …"

„Darf ich noch mal kurz unterbrechen?" Die Augen der Praktikantin sehen immer noch etwas vergrößert aus. „Bei so einem Erdbeben … also, falls das gleich wieder passiert … Was macht man denn da?"

„Man klettert auf einen Baum", sagt Lucy lakonisch.

War das jetzt ein Scherz? Kira schaut zwischen Angelika und Lucy hin und her. Beide sehen nicht aus, als wollten sie Witze machen. Draußen ist es stockdunkel. Ob vor dem Haus vielleicht ein geeigneter Baum steht? Wenn sie sich recht erinnert, standen da nur Bananenstauden.

„Das hat mein Vater jedenfalls immer gesagt", ergänzt Lucy.

„In einem Land ohne Feuerwehr und Rettungswagen malst du dir lieber nicht aus, was passieren würde, wenn hier ein richtig schweres Erdbeben wäre", rät Angelika. „Aber du kannst dir auch die Vorteile klarmachen: Wo keine Hochhäuser sind, können auch keine umfallen. Und eine Weile ohne Strom und Wasser zu leben, haben die meisten Menschen hier schon oft geübt."

„Wie beruhigend", murmelt Kira. „Na dann …"

Die Sister erzählt unbeeindruckt weiter: „Letzte Woche hat es mächtig gewackelt. Es wurde einem ja hier schon ganz mulmig, aber in Malambo muss sich das noch ganz anders angefühlt haben … Der Oldonyo Lengai ist ausgebrochen, hab ich gehört. Engaresero – das ist ein kleiner Ort am Fuße des Vulkans – soll evakuiert worden sein. Wie auch immer sie das gemacht haben wollen. Ich hab's nur gehört, aber wir fahren in drei Tagen ja vorbei, dann können wir uns selbst ein Bild machen."

„Und wenn die Erdbeben bis dahin weitergehen? Und wenn gar keine Gäste kommen, weil sie Angst haben …?"

„Die Massai, also die allermeisten Gäste, sind ja schon mal da. Und die anderen werden vermutlich auch kommen. Entweder weil sie schon lange in Afrika leben und durch nichts mehr zu erschüttern sind, oder weil sie aus Deutschland kommen. Und da berichten Zeitungen und Fernsehen ja nicht über solche Kleinigkeiten wie Erbeben oder Vulkanausbrüche in Afrika. Ich werde ihnen nicht gleich am Flughafen was von heißen Lavaströmen erzählen. Und ansonsten bleibt uns nichts, als zu beten, dass es beim Fest nicht wackelt – und keine starken Winde gibt.

Hab ich irgendwas im Kleingedruckten überlesen?, fragt sich Kira. Das sind ja schöne Arbeitsbedingungen … Aber laut sagt sie nur: „Okay, ich kümmere mich also um den Imbiss für die Kinder."

Den Weg vom Internat zum Wohnhaus der Praktikantinnen sollen die jungen Frauen nicht allein gehen, wenn es dunkel ist. Er führt durch einen kleinen Bananenhain, ist voller Stolperfallen, natürlich unbeleuchtet und manchmal nicht so einsam, wie man hofft. Isack, der Fahrer (ja, so schreibt man hier Isaak, und man spricht es wie Aißack aus), ist schon zu Bett gegangen, als die Besprechung zu Ende ist. Deshalb geht Kira die wenigen Meter zum Nachbarhaus hinüber. Vielleicht kann ja einer der Kimaro-Söhne sie mit der Taschenlampe begleiten.

„Hodi!", ruft Kira und bleibt einen Moment vor der Tür stehen. „Hodi!" ersetzt in Ostafrika die Türklingel, und beantwortet wird es bei Tag und Nacht mit „Karibu!" – Willkommen!

Der junge Mann, der die Tür öffnet und etwas schüchtern „Karibu" sagt, ist Tuso. Erst seit wenigen Wochen wohnt der Sechzehnjährige bei Familie Kimaro, die ihn schon einmal wie einen Sohn aufgenommen hatte. Acht Jahre, nachdem die Sister ihn von der Straße „aufgelesen" hat, ist er immer noch auf der Suche nach *seinem* Platz, dem Ort, an dem er wirklich zu Hause sein kann. Als Waise musste er von klein an sehen, wo er bleibt. Zwischen seinem vierten und achten Lebensjahr hat er als Straßenkind mal hier, mal dort gelebt. Dann war er in

Kwa Ngulelo, dem Internat, das Angelika gegründet hat. Jetzt wohnt er bei Kimaros, den Nachbarn. Freunde von Angelika und Jutta kommen für seinen Lebensunterhalt auf.

„Würde es dir etwas ausmachen, mich nach unten zu begleiten?", fragt Kira auf Englisch. „Ich hab keine Taschenlampe, und wir sollen sowieso nicht allein runtergehen."

„Klar, ich komme mit."

Als nach einigem Suchen keine Taschenlampe aufzutreiben ist, gehen die beiden ohne Licht los.

„Ein bisschen unheimlich ist es ja", meint Kira.

„Warum? Es ist eine schöne Nacht und gar nicht so kalt. Man könnte gut draußen schlafen."

Während Kira vorsichtig einen Schritt vor den anderen setzt, geht Tuso leichtfüßig voran. Einem schwarzen Führer in schwarzer Nacht zu folgen, ist gar nicht so einfach.

„Ich hab gehört, dass du auf der Straße gelebt hast, als du klein warst. Hast du im Sommer nachts nicht schrecklich gefroren?"

„Am Anfang schon. Aber dann hab ich mich daran gewöhnt. Wir haben uns Zucker- und Mehlsäcke besorgt und uns ganz nah an die Hauswände gelegt, vor kleine Läden, wo nachts niemand rein- und rausgeht."

„Hattest du keine Angst?"

„Doch. Am Anfang hatte ich ständig Angst, aber das gewöhnt man sich ganz schnell ab. Am Ende hatte ich vor überhaupt nichts mehr Angst. Wir waren lauter Jungen und sind Tag und Nacht zusammengeblieben. Die großen habe ich Kaka genannt: großer Bruder, und sie haben mich Mdogo genannt: kleiner Bruder. Und wenn wir mit einem Erwachsenen geredet haben, der auch auf der Straße lebte, haben wir ihn Baba, Vater, oder Babu, Großvater, genannt. Wie in einer Familie."

„Und es gab nie Streit?"

„Klar gab es auch Streit. Wenn einer etwas zu essen gefunden oder geklaut hatte, wurde das zum Beispiel immer mit allen geteilt. Und wenn einer nicht teilen wollte, flog er raus. Dann war er unser Feind."

„Dabei kann selbst so jemand einem ja eigentlich leidtun."

„Mitleid gab es bei uns nicht. Ich hatte überhaupt keine Ahnung, was das ist. Ich verstehe erst seit einiger Zeit, was das Wort bedeutet. Wir hatten keine Gefühle – für niemanden. Wir haben immer nur an die nächste Stunde und an das gedacht, was wir gerade dringend brauchten. Nicht an solche Sachen wie: Was wird aus mir?" Tuso lacht.

„Und heute?"

„Wenn ich heute Straßenkinder sehe, tun sie mir leid. Und ich überlege, wie man ihnen helfen könnte. Vielleicht hab ich ja später mal einen Beruf, in dem ich richtig viel bewirken kann, Staatspräsident oder so."

Kira kann nicht sehen, ob Tuso grinst oder den letzten Satz tatsächlich ernst gemeint hat. Jedenfalls redet er im selben Ton weiter.

„Manchmal kamen Wazungu und nahmen jemanden von unserer Gruppe mit. Aber niemand von uns hätte sich vorgedrängt und gerufen: ‚Nimm mich mit, Mzungu!' Es war einfach so, wie es war. Wer weg war, war weg, und wir haben ihn sofort vergessen. Ich weiß auch nicht, wie ich damals darauf kam, einfach in das Auto der Sister zu steigen. Wazungu machen keinen Ärger, hatte ich auf der Straße gehört. Dabei hatte man mir, als ich ganz klein war, immer Angst vor ihnen gemacht: ‚Wenn du nicht lieb bist, holt dich der Mzungu und hält dich wie einen gefangenen Affen!'"

„Na, wenn das kein Spruch aus der Sklavenzeit war …", sagt Kira und stellt erleichtert fest, dass sie schon fast vor dem

Tuso

Praktikantinnen-Haus stehen. „Danke für deine Hilfe! Aber eine Frage hätte ich noch: Warum heißt du eigentlich Tuso? Ich habe den Namen noch nie gehört."

„Ich kenne auch niemanden außer mir, der so heißt. Und ich weiß auch gar nicht, ob das wirklich mein Name ist. Ich erinnere mich nur noch, dass mein Vater, als er im Sterben lag, mich von seinem Bett aus immer so gerufen hat: ‚Tuso! Tuso!' Und als ich dann allein war, und jemand hat mich nach meinem Namen gefragt, habe ich ‚Tuso' gesagt."

„Hast du nicht bei deiner Taufe einen zweiten, christlichen Namen bekommen?"

„Ich bin nicht getauft."

„Und wenn du getauft würdest und einen Namen wählen dürftest?"

„Mir einen Namen auswählen!? Das geht doch nicht. Einen Namen darf man nicht selbst wählen. Er muss einem von außen gegeben werden. Ein Name ist wichtig. Er sagt etwas, das man sich nicht selber sagen kann."

„Da hast du wahrscheinlich recht. – Gute Nacht, Tuso! Und noch mal danke schön!"

„Keine Ursache! Kwa heri! – Mit Segen!"

In der Nacht wacht Kira ein paar Mal auf. Immer hat sie das Gefühl, sie sei gerade eine Treppenstufe heruntergefallen oder jemand habe sie wecken wollen, indem er kurz am Bettrahmen rüttelt. Ach, nur ein kleines Erdbeben, denkt sie dann und muss über sich selbst lächeln. Das Gottvertrauen der Sister scheint hoch ansteckend zu sein.

6
Die Frau mit den zwei Schlüsseln

W enn du verhindern willst, dass die Ameisen ins Bett krabbeln, musst du einfach die Füße des Bettes in leere Blechdosen stellen. Dann tust du ein bisschen Zucker rein, und schon bleiben sie da unten."

„Ach, Sophia, deine Sorgen möchte ich haben!", seufzt Naanyu, ihre Nachbarin. „Wenn ich ein Bett hätte, würde ich sogar mit den Ameisen Frieden schließen. Das sind doch eigentlich friedliche, saubere Tierchen. Nichts gegen die Wanzen in der Kuhhaut, auf der wir schlafen. Die können einen nachts schier wahnsinnig machen …"

Sophia ist wohlhabend. Das sieht man, auch wenn sie nicht mit ihrer Nachbarin auf dem Bett sitzt und Tee trinkt. Denn Sophia trägt zwischen den vielen bunten Perlen auch zwei Schlüssel um den Hals. Der größere ist der Hausschlüssel, der kleinere ist ein Kofferschlüssel. Ja, ihre Hütte hat tatsächlich eine Tür, und die kann man abschließen! Und unter ihrem Bett verwahrt Sophia einen Koffer mit ein paar Dingen, die ihr ganz allein gehören, die ihr wichtig sind und von denen sie nicht möchte, dass sie von irgendjemandem kurzerhand „sozialisiert" werden.

Kurz: Sophia legt Wert auf zwei Dinge, die es im Massai-leben eigentlich gar nicht gibt: Privatsphäre und Privateigen-tum. Natürlich kennen Männer Besitz: ihre Herden, ihre

Frauen, ihre Kinder. Aber was soll „meine Schüssel" bedeuten? Oder „mein Sack Reis"? Wer ihn gekauft hat, sieht zu, dass er ihn bald aufisst, bevor andere kommen und auch etwas davon haben wollen. Und wie sollte man es ihnen auch verweigern? Der eine gehört zur Familie des Neffen, der andere ist krank und kann gerade nicht selber einkaufen, der dritte findet, dass er noch etwas guthat beim Reisbesitzer … Da bleibt nur ein einfaches Mittel, um sich vor Ausbeutung zu schützen: Man kauft eben nur ganz wenig Reis, gerade so viel, dass er für heute reicht. „Tut mir leid, du siehst ja, wir haben gerade mal genug für diese eine Mahlzeit …"

Frauen haben gar keinen Besitz, sie sind ja Besitz. Und eine Privatsphäre kennen weder sie noch die Männer. Alles geschieht vor den Augen und Ohren des ganzen Boma. Das spart den Aufklärungsunterricht, aber es erhöht auch den Druck auf den Einzelnen, zwingt ihn, sich anzupassen und einzufügen.

Aber Sophia macht ihr eigenes Ding, im wahrsten Sinne des Wortes. Sie macht, was sie für richtig und gut hält, und was dabei herauskommt, gehört ihr und dient nur ihr und ihren Kindern. Dabei wurde sie keinesfalls als Rebellin geboren. Nein, sie ist ein braves kleines Mädchen und wird, als sie dreizehn Jahre alt ist, ohne Widerstreben beschnitten und verheiratet. Fortan ist sie die zweite Frau eines Mannes, der bereits eine Frau und eine Reihe von Kindern hat. Die Familie, aus der Sophia kommt, ist nicht unvermögend, aber der Vater hat sie einem Mann gegeben, der deutlich weniger Kühe und Ziegen hat als er selbst. Das kommt bei den Massai vor, denn Standesdenken ist fast unbekannt. Orkeri, Sophias Mann, hat mit den Anzahlungen auf den Brautpreis sehr früh begonnen. Die ersten Kühe hat er schon ins Boma seines zukünftigen Schwiegervaters getrieben, als Sophia noch ein kleines Mäd-

chen war. Inzwischen hat der seine Herden vergrößern können, aber Orkeri ist immer noch nicht viel weiter als vor Jahren. Die Hochzeit bedeutet für Sophia einen sozialen Abstieg,
das merkt sie schon bald. Sie ist ein etwas angenehmeres Leben gewohnt, als das neue Boma ihr bietet. Und sie merkt
noch etwas: Orkeri und Naataosim, seine erste Frau, trinken
deutlich mehr Alkohol, als ihnen guttut. Früher brannten die
alten Männer im Boma sich aus Mais und Honig oder Zuckerrohr ihren eigenen Alkohol, und nur sie selbst durften ihn
trinken. Für junge Männer und Frauen war er tabu. Doch seit
einiger Zeit verkauft der kleine Laden in Malambo „Safari-
Bier" in Flaschen – mit steigendem Absatz und keinesfalls nur
an alte, weise Männer, die es in Maßen genießen. Nein, Sophia sieht ihren „Herrn", so nennt sie ihn, oft schon mittags
mit einer Flasche in der Hand. Und wenn sie dann kritisch
guckt, macht er eine drohende Handbewegung. Schnell tut sie
so, als hätte ihr Blick nichts mit dem Bier zu tun, und kümmert sich um ihre Arbeit. Holt Wasser, sammelt Feuerholz,
stampft Mais, macht all die Arbeiten, die eine Massaifrau tut,
bis zum abendlichen Ziegenmelken. Bei alledem soll Naataosim sie eigentlich unterstützen, aber die hat wie ihr Mann eine Flasche in der Hand und leert sie, während ihre Kinder um
sie herum spielen und streiten. Sechs Kinder hat Naataosim
geboren, und Sophia ist mit ihrem ersten schwanger. Was hat
sich ihr Vater bloß gedacht, als er sie diesem Mann versprochen hat? Wusste er nicht, dass er und seine erste Frau trinken?

Sophia ist unglücklich, aber sie würde das, was sie empfindet,
niemals Unglück nennen. Sie erleidet ein normales Frauen-
schicksal, hat vielleicht ein bisschen mehr Pech als andere.
Aber sie hadert nicht mit ihrem Schicksal. Denn das Leben ist,

wie es ist, und schließlich hat niemand ein Recht auf Glück. In einer Hinsicht hat sie es ja noch gut getroffen, viel besser als die meisten Frauen, die sie kennt: Sie hat einen Vertrauten außerhalb ihres Boma, jemanden, dem sie alles erzählen kann. Elisha, ein Evangelist, hat vor einiger Zeit eine Woche lang in Malambo gepredigt. Sophia ist hingegangen, hat ihm zugehört, ist noch einmal nach Malambo gegangen und noch einmal ... Und schließlich hat sie mit Elisha gesprochen und ihm gesagt, dass sie das Evangelium annehmen und Christin werden will. Elisha hat mit ihr gebetet, und jetzt trifft sie ihn manchmal, wenn er in der Nähe von Malambo unterwegs ist. Elisha erkundigt sich, wie es ihr geht, gibt ihr einen Rat, betet mit ihr und sagt ihr einen Bibelvers. Das tut ihr gut, und den Vers lernt sie sofort auswendig, damit sie ihn sich immer wieder vorsagen kann.

„Alle, die sich vom Geist Gottes führen lassen, die sind Gottes Söhne und Töchter" ist so ein Vers, der ihr manchmal in den Sinn kommt. Als Elisha ihr diesen Satz vorgelesen hat, war er ihr fast ein bisschen peinlich. Sie ist doch keine Tochter von Engai! Noch nicht einmal einer der Männer im Boma würde behaupten, Engais Sohn zu sein! Wer kommt denn auf die Idee, so etwas von sich zu sagen? Als Elisha gesehen hat, wie entsetzt sie guckte, hat er ihr den ganzen Abschnitt vorgelesen, aus dem dieser Satz stammt: „Im Römerbrief, Kapitel 8, geht es so weiter: ‚Der Geist, den Gott euch gegeben hat, ist kein Sklavengeist, sodass ihr wie früher in Angst leben müsstet. Es ist der Geist, den ihr als seine Söhne und Töchter habt. Von diesem Geist erfüllt, rufen wir zu Gott: Abba! Vater!'"

Sophia hat lachend den Kopf geschüttelt. Aber Elisha hat einfach weitergelesen:

„So macht sein Geist uns im Innersten gewiss, dass wir

Kinder Gottes sind. Wenn wir aber Kinder sind, dann sind wir auch Erben …'"

An dieser Stelle hat sie ihn dann doch unterbrechen müssen. „Schön wär's, wenn alle Kinder auch Erben wären", hat sie eingeworfen. „Bei uns jedenfalls erben nur die Männer."

„Das war bei dem, der den Römerbrief geschrieben hat, genauso. Aber bei Gott ist es eben gerade anders als bei uns. Alle, die Gott in seine Familie aufgenommen hat, erben. Sie werden von Gott beschenkt, egal, ob sie Männer sind oder Frauen. – Kopf hoch, Sophia! Du bist jemand!"

Das ist so eine der seltsamen Sachen bei den Christen: Sie sagen immer positive Sachen, wenn sie einen ermutigen wollen: „Kopf hoch! Ich bete für dich. Jesus hilft dir" – solche Sätze. Bei den Massai ist es genau anders: Wenn man jemandem Mut machen will, dann beleidigt man ihn und sagt Unverschämtheiten, um ihn richtig wütend zu machen. Denn nur wer in seinem Stolz verletzt ist, zeigt, was in ihm steckt. So macht man es zum Beispiel mit den Hütejungen, bevor sie beschnitten werden. „Du läufst schon vor dem Löwen weg, wenn er noch gar nicht zu sehen ist! Die Mädchen lachen dich aus! So jemanden wie dich verschmähen sie!", rufen die Älteren, bis der Junge vor Wut rasend wird. Dann ist er bereit, die Schmerzen auszuhalten. Und auch wenn eine Braut nach der Hochzeit zum ersten Mal das Boma ihres Mannes betritt, wird sie von allen beschimpft und beleidigt: „So eine wie du bekommt wahrscheinlich gar keine Kinder. Und wenn, dann schreit sie bei der Geburt!" Jetzt kann sie zeigen, was für eine stolze und starke Frau sie ist.

Sophia freut sich über Ermutigungen wie die von Elisha, aber ihr Leben bleibt schwierig. Und es wird nicht leichter, als sie ein zweites Kind und Naataosim ein siebtes bekommt. Dem Boma und seinen Bewohnern sieht man längst an, dass zwei der drei Erwachsenen dem Alkohol verfallen sind. Statt früh aufzustehen und die Kälber zu den Muttertieren zu treiben, damit sie bei ihnen trinken können, bevor die restliche Milch abgemolken wird, bleibt Naataosim in der Hütte liegen. Und am Abend, wenn die jungen Hirten die Tiere zum Boma zurückgetrieben haben, ist Orkeri meist zu müde oder zu betrunken, um jedes Einzelne der Tiere zu inspizieren, so wie es sich eigentlich gehört. Verletzungen und Krankheiten werden deshalb nicht rechtzeitig erkannt, und die ungepflegten Kühe sind auf dem Viehmarkt in Malambo nur schlecht zu verkaufen. Sophia kann daran nichts ändern. Alles, was sie tun kann, ist, die Hütten sauber zu halten und sich, so gut es geht, um alle Kinder zu kümmern.

Seit fünf Jahren lebt Sophia im Boma ihres Mannes, als Naataosim stirbt. Und es dauert nur ein weiteres Jahr, da stirbt auch Orkeri. Es ist die Cholera – Kipindupindu –, gegen die ihre geschwächten Körper sich nicht wehren konnten.

„Jetzt bist du frei, Sophia", begrüßt Naanyu, die Nachbarin, sie am Morgen nach dem Abschiedsritual. Gestern Nachmittag hat Sophia den Leichnam ihres Mannes mit Kuhfett einbalsamiert und in eine getrocknete Kuhhaut gewickelt. Dann hat ihr ältester Sohn ihr geholfen, einige Schritte vom Boma entfernt ein Grab zu schaufeln und den Toten hineinzulegen. Dort ruht er nun, mit dem Kopf Richtung Norden, dem Ursprungsland der Massai, und dem Gesicht zum Boma und zur aufgehenden Sonne. Eigentlich ist dieser letzte Dienst die Aufgabe der ersten Frau eines Mannes. Aber Naataosim lebt nicht mehr, und deshalb hat Sophia ihn übernommen. Sie hat sich für einen Kompromiss zwischen den alten Riten und dem, was im modernen Tansania und besonders bei den Christen üblich ist, entschieden. Früher, als man den Leichnam noch nicht in die Erde legte, sondern den wilden Tieren überließ, beobachtete man in der Nacht nach dem Abschiedsritual gespannt, welches Tier wohl kommen würde, um den Toten zu holen. Von einem Löwen in den Busch geschleppt zu werden, galt als eine besondere Ehre. Hyänen wiesen darauf hin, dass der Verstorbene nur ein ganz gewöhnlicher Mensch war. Heute entscheiden die Bewohner eines Boma selbst, wem welche Ehre zuteilwird: Nur Laiboni und besonders reiche Männer werden in der Mitte des Boma begraben. Für einen armen Trinker wie Orkeri muss ein Platz vor der Dornenhecke genügen.

Sophia schaut ihre Nachbarin stirnrunzelnd an. Frei? Heute Morgen hat sie für neun Kinder Ugali gekocht. Besonders frei hat sie sich dabei nicht gefühlt.

„An deiner Stelle wäre ich schon vor Jahren hier verschwunden und zu meinem Vater zurückgekehrt", fährt Naanyu fort. „Du könntest es zu Hause doch gut haben!"

Sophia weiß, dass sie das Recht gehabt hätte. Wenn ein Mann seine Frau schlecht behandelt oder nicht ausreichend versorgt, kann sie zu ihrem Vater fliehen. Wenn sie Glück hat, verteidigt ihr Bruder sie gegenüber dem Ehemann, und der verliert sowohl seine Frau als auch die Kühe, die er als Brautpreis gezahlt hat – von der peinlichen Bloßstellung, mit der er leben muss, einmal ganz abgesehen. Aber was heißt schon „schlecht behandelt"? Schläge zum Beispiel sind kein Grund wegzulaufen. Und hätte sie etwa ihre zwei eigenen Kinder mitnehmen und Naataosims Kinder sich selbst überlassen sollen?

„Nein, das wollte ich nicht", antwortet Sophia. „Und ich werde auch jetzt nicht fliehen. Ich weiß, was mich erwartet: Orkeris Bruder muss für mich sorgen. Aber du kennst ihn ja. Er sitzt faul herum und kaut seinen Tabak, den er sich eigentlich nicht leisten kann … Da habe ich nichts zu erwarten, jedenfalls nicht Gutes. Wie soll er sich auch noch um neun weitere Kinder kümmern? Gestern, als alle kamen, um Orkeri zu beklagen, ist er lieber erst gar nicht aufgetaucht ...“

„Ja, das ist mir auch aufgefallen. Aber was will man erwarten ... Halte du dich an die Familie deines Vaters. Die haben doch sicher ein paar Ziegen mehr, als sie selber essen können. – Und such dir endlich einen netten, jungen Krieger!“ Naanyu lacht.

Auch Sophia lacht. Nach den Gesetzen der Massai hätte sie das längst machen können. Unbedingte Treue wird weder von Männern noch von Frauen erwartet. Nur eine Regel darf man niemals übertreten: Der Liebhaber muss aus derselben Beschneidungsklasse stammen wie der Ehemann. Und da eine Beschneidungsklasse immer etwa sieben Jahrgänge umfasst, ist er also bestenfalls sieben Jahre jünger als der eigene Mann.

„Christen sehen das ein bisschen anders, als das bei uns Massai sonst üblich ist “, erklärt Sophia ihrer Nachbarin. „Eigentlich finden sie es am besten, wenn jeder Mann nur eine Frau hat und jede Frau nur einen Mann, also auch keinen Geliebten. Dafür ist bei ihnen etwas anderes erlaubt. Stell dir vor: Wenn eine Frau Witwe geworden ist, darf sie noch einmal heiraten – einen zweiten Ehemann!“

Naanyu schüttelt den Kopf. „Und wem gehören dann die Kinder des ersten Mannes? Und sein Vieh? Die Familie des Verstorbenen kann doch nicht alles verlieren!“

„Keine Ahnung, wie sie das regeln. Ich habe auch noch nie eine Frau getroffen, die noch einmal verheiratet worden ist. Auch in Malambo in der Kirche nicht. Wer soll denn auch beim zweiten Mal die Kühe bekommen? Noch einmal der Vater? Oder der älteste Bruder des ersten Ehemanns? Vielleicht streiten sie sich dann um den Brautpreis?“

Bei dieser Vorstellung müssen beide Frauen lachen. Was für ein schönes Chaos!

„Das haben sich Wazungu ausgedacht, die keine einzige Kuh besitzen", vermutet Naanyu.

„Vielleicht", antwortet Sophia. „Aber jetzt muss ich wirklich los und Wasser holen."

Das Gespräch mit Naanyu hat ihr gut getan, und auch gestern war es schön, als so viele Leute aus den umliegenden Boma da waren, um mit ihr den Toten zu beklagen. Aber als Sophia jetzt wieder allein vor ihrer Hütte steht, wird ihr klar, dass sie tatsächlich ganz auf sich allein gestellt ist – eine Neunzehnjährige, die für neun Kinder Verantwortung trägt. Soll sie vielleicht doch Naataosims Kinder in ein Boma nahe bei Arusha schicken, wo es noch Verwandte von ihnen geben müsste? Und dann ihre eigenen zwei nehmen und ihren Vater und die Brüder um Aufnahme bitten? Das Kleinste der sieben kann gerade mal laufen und isst noch nicht allein. Da wird es schwierig sein, jemanden zu finden, der es aufnimmt. Der Zweitjüngste würde sicher irgendwo mitlaufen, ohne viel Aufmerksamkeit zu fordern. Und die Kinder, die vier Jahre oder älter sind, helfen ohnehin: die Jungen beim Kühehüten, die Mädchen bei den Ziegen und im Boma. Die Älteren würden vielleicht sogar gern genommen, schließlich werden die Mädchen in absehbarer Zeit Kühe einbringen … Trotzdem. Die Kinder tun ihr leid. Sie haben schon so viel Schweres mitgemacht. Sicher würden sie getrennt, denn alle auf einmal nimmt niemand. Sophia seufzt. Einfach wird es nicht werden, aber sie will bei ihrem Entschluss bleiben. Die letzten sechs Jahre waren auch kein Plausch im Schatten, und sie hat es trotzdem geschafft. Und jetzt kann sie wenigstens nach eigenem Gutdünken schalten und walten, wie sie es für richtig hält. Der Schwager wird ihr kaum reinreden, solange sie ihm nicht auf der Tasche liegt.

„Wende dein Gesicht der Sonne zu, dann fallen die Schatten

hinter dich." Dieses Sprichwort hat Sophias Großmutter schon immer zitiert. Und was sieht die junge Witwe, wenn sie „in die Sonne schaut"? Zu ernähren sind elf Leute, denn Sophias Schwiegermutter wohnt in der Nachbarhütte und isst mit ihnen. Die alte Frau ist nicht mehr sehr rüstig, aber sie hat sicher nichts dagegen, wenn einige der Kinder nachts bei ihr schlafen, und nach dem Jüngsten schauen kann sie bestimmt auch.

Vor einiger Zeit hat Sophias Vater ihr zehn Ziegen geschenkt, die aber bisher in seinem Boma geblieben sind. Die könnte sie zu sich holen. Dann hätte sie einen Grundstock für eine neue Herde, auch wenn ihr Schwager alle Ziegen, die sie bisher versorgt hat, als sein Eigentum beanspruchen sollte.

Neben dem Boma gibt es ein Stück trockenes Land, auf dem sie, wenn sie Zeit hatte, schon immer wieder mal ein paar Dornensträucher ausgerissen hat. Das könnte sie ganz frei machen, um dort etwas anzubauen. Was, das weiß sie noch nicht, aber es wird sich schon etwas finden. Eins weiß sie schon: Egal, was es ist, die Leute werden sie für verrückt halten. Den Massai gehören alle Kühe der Welt, und nur wer kein Vieh besitzt, muss auf der Erde kriechen und Ackerbau treiben. Eine unwürdige Tätigkeit, die diejenigen machen sollen, die keine höhere Berufung haben – die Sonyo und Kikuyu zum Beispiel. Denen kauft man dann gern Mais und Tabak ab. (Ihr Obst und Gemüse dürfen sie gern selber essen.)

Sophia hört ihre Nachbarn schon spotten, doch sie ist sich auch sicher, dass kaum jemand sie aktiv daran hindern wird, das kleine Stück Erde fruchtbar zu machen.

Für die Inventur hat sie nicht lange gebraucht. Das war es schon. Aber es ist besser als nichts. Gleich morgen früh will sie einen Hirten beauftragen. Der soll zu ihrem Bruder laufen und ihn bitten, die zehn Ziegen doch so bald wie möglich in ihr Boma zu treiben.

Seit Orkeris Tod sind einige Jahre vergangen. Sophia schlägt sich mit ihren Kindern und Stiefkindern durch, mal schlecht, mal recht. Da kommt eines Tages Angelika nach Malambo. Sie hat einen Lastwagen und ein ganzes Team von Mitarbeitern dabei. Abends, als es dunkel wird, machen zwei Männer ein Bettlaken auf dem Lkw-Dach fest und lassen es zur Erde herabfallen. Bis der Filmprojektor aufgebaut ist, haben sich schon zwei Dutzend Kinder und eine Handvoll Erwachsene eingefunden. Kino-Abend in Malambo! Die meisten von denen, die nun in Scharen herbeiströmen, haben noch nie einen Film gesehen. Einigen sind auch unbewegte Bilder, also Fotos, unbekannt. Aber was auch immer hier stattfinden wird – spannend ist es allemal und eine willkommene Abwechslung im Einerlei des Steppenalltags.

Angelika begrüßt die Gäste, es werden einige Lieder gesungen, und dann erzählt der Film das Leben von Jesus. Einfach und eindringlich. Das Publikum staunt darüber, dass da Menschen an einer Wand laufen und reden. Jede Szene wird, nicht gerade flüsternd, kommentiert. Sophia und Naanyu sitzen mitten in der Menge. Auch sie unterhalten sich.

„Wer ist denn die Frau, die am Anfang gesprochen hat?"

„Welche Frau?"

„Die da vorne mit der Löwenmähne."

„Das ist doch keine Frau."

„Doch, bestimmt. Hast du nicht ihre Stimme gehört?"

„Warum hat sie dann so lange Haare? Bei den Löwen sind es jedenfalls die Männchen, die die Mähne tragen …"

„Bei den Wazungu sind es aber die Frauen."

„Mit langen Haaren wie junge Krieger?"

Die beiden kichern, und ein Mann, der neben ihnen auf dem Boden hockt, macht ihnen ein Zeichen, sie sollen nicht so laut sein.

„Also, wer ist das? Hast du sie schon mal gesehen?", fragt Naanyu jetzt etwas leiser.

„Nein, das hätte ich dir doch erzählt. Aber am Sonntag hat jemand in der Kirche gesagt, dass eine Sister kommt und einen Film zeigt."

„Was ist denn eine Sister?"

„Das hat er nicht gesagt. Vielleicht eine Mzungu, die Lorry fährt?"

Der Film ist vorbei, und nun sagt einer der Männer, die das Betttuch festgemacht haben, dass die Sister noch drei Tage am Ort bleibt, um Kranke zu versorgen und Schwangere zu untersuchen.

„Also ist sie kein Lorry-Fahrer, sondern eher ein Laiboni", vermutet Naanyu.

„Dann gehe ich zu ihr." Sophia klingt entschlossen.

„Aber du bist doch nicht krank."

„Ein Laiboni ist ja auch nicht nur für Kranke da. Er hilft, wenn man in einer schwierigen Situation ist. Ist meine Situation vielleicht nicht schwierig?"

„Doch, doch, ich meine ja nur …"

Der Mut und der Eigensinn, den Sophia seit dem Tod ihres Mannes an den Tag legt, hat ihre Nachbarin schon ein paar Mal verblüfft. Und auch wenig später steht sie staunend daneben, während Sophia die unbekannte Sister, von der man noch nicht einmal genau weiß, wer sie ist und was sie kann, zu einem Becher Tee in ihr Boma einlädt.

Zwei Tage später sitzen Sophia und Angelika vor einer der Hütten des Boma im Schatten. Der Tee ist von der vielen Ziegenmilch fast weiß gefärbt, und die Gastgeberin hat auch nicht am Zucker gespart. Um keine der Fliegen zu verschlucken, die sich an den Rand des Emailbechers setzen, wedelt Angelika vor jedem Schluck mit der Hand über dem Gefäß.

Nachdem das rituelle Pingpong der Begrüßung, das Hin und Her von Fragen und Antworten nach einem immergleichen Schema, beendet ist, kommt Sophia sofort zur Sache:

„Ich bin Christin. Fast jeden Sonntag gehe ich nach Malambo zum Gottesdienst. Aber ich baue hier auch seit zwei Jahren Tabak an und verkaufe ihn. Ich weiß, dass Tabak keine gute Sache ist und dass die Männer ihr Geld lieber für wichtigere Dinge ausgeben sollten, für Tee und Mais und Zucker. Aber ich habe nur dieses kleine Stückchen Land, und der Tabak wächst gut und lässt sich ohne Probleme verkaufen. Manchmal bete ich, wenn ich die Pflanzen gieße. ‚Oh Gott, vergib mir!‘, bitte ich ihn dann. ‚Ich weiß, dass es Sünde ist, aber den Tabak kaut hier jeder. Und womit soll ich sonst Geld verdienen?‘"

Sophia macht eine kleine Pause, ehe sie fortfährt.

„Und ich mache noch etwas, von dem ich weiß, dass es falsch ist: Ich brenne Alkohol. Dafür haben die Männer immer Geld. Kaum ist er fertig, hab ich ihn schon verkauft."

Jetzt erst traut sie sich, in das Gesicht der Sister zu schauen. Aber die runzelt nur die Stirn und sagt gar nichts. Entsetzt oder böse scheint sie nicht zu sein.

„Wenn du meine Geschichte kennst, verstehst du vielleicht, warum ich das mache", fährt Sophia deshalb fort, und dann erzählt sie ihre ganze Lebensgeschichte.

„Und seit ein paar Wochen weiß ich, dass ich noch mehr arbeiten und verdienen muss: Ich bin wieder schwanger", endet ihr Bericht.

Jetzt muss die Sister doch kräftig schlucken, und das liegt nicht an der Fliege, die im zuckrigen Tee ertrunken ist, während Angelika abgelenkt war.

„Wer ist der Vater?"

„Ein netter Mann aus einem Boma auf der anderen Seite von

Malambo. Er ist kein armer Mann. Er hat mehrere Frauen und viele Kinder. Ich hoffe, er wird uns unterstützen. Trotzdem muss ich sehen, wie ich Geld verdienen kann. Am liebsten würde ich mit dem Tabak und dem Alkohol ganz aufhören."

„Dann tu es", sagt Angelika spontan. „Du hast in deiner Familie selbst erlebt, was der Alkohol anrichten kann. Und du bist deinen Kindern ein schlechtes Vorbild, wenn du etwas tust, von dem du weißt, dass es nicht richtig ist. Gott sieht dich, und er wird dich nicht verhungern lassen."

So eine Sister hat gut reden, denkt Sophia. Sie besitzt weder Kühe noch Ziegen, hat keinen Acker und fährt dennoch ein Auto. Kann man auf den Rat von so jemandem hören?

Die beiden Frauen reden noch eine Weile, sie beten miteinander, und dann steigt Angelika wieder in den Geländewagen und braust davon.

„War das Gott?", fragt die Dreijährige, die neben Sophia steht und der Staubwolke nachsieht, die sich nur langsam legt.

„Nein … Oder vielleicht doch. Es war eine Sister."

„Was ist eine Sister?"

„Das hab ich vergessen zu fragen. Aber ich sehe sie bestimmt noch mal. Dann frag ich sie und sag es dir."

Ein Jahr später steht Sophia in Malambo an der Maismühle. Der Dieselmotor lärmt und stinkt, aber die Frauen, die sich um das Ungetüm scharen, scheint das nicht zu stören. Sie reden und lachen so laut, dass sie einander trotzdem verstehen. Das Baby, das Sophia auf ihrem Rücken trägt, schläft seelenruhig in all dem Trubel. Rehema heißt die Kleine. Das ist Kisuaheli und bedeutet „Erbarmen". Wenn ihre Mutter Dienst hat, ist sie immer dabei, denn Sophia ist nicht eine der Frauen, die den ungemahlenen Mais bringen oder den gemahlenen Mais abholen, sie ist die Müllerin. Angelika hat ihr diese Arbeit vermittelt. Das Geld, das Sophia hier verdient, reicht für die Schulhefte ihres ersten Sohns, für die Schulkleidung, die in Tansania Vorschrift ist, und für die Seife, die sie braucht, um sie sauber zu halten. Ezekiel geht in die erste Klasse und kann schon ein bisschen Kisuaheli. Dass Rehema einen Swahili-Namen trägt, verdankt sie ihm. Ein Zeichen von Weltoffenheit.

Auf Sophias Feld zu Hause wachsen Zuckerrohr und Süßkartoffeln. Sogar zwei Bananenstauden und ein Papayabäumchen haben die Trockenzeit überstanden und tragen erste Früchte.

„Wer soll das denn essen?", hat ein alter Krieger aus der Nachbarschaft sie gefragt.

„Ich!", hat Sophia geantwortet. „Und meine Kinder. Warum sollen wir nicht Früchte essen, die wenig kosten und gesund sind? Hast du schon mal eine Banane probiert? Ich schenk dir eine!"

Aber der Krieger hat dankend verzichtet. Gesund? Was heißt denn gesund? Ist eine Ziegenrippe etwa ungesund? Diese Sophia lässt sich von jeder Mode anstecken …

Und als wäre ihre seltsame Landwirtschaft noch nicht genug, hat Sophia allem die Krone aufgesetzt: Sie hat Hühner angeschafft und begonnen, deren Fleisch und Eier zu essen. Das macht doch schwach und unfruchtbar! Sophia und ihren Kindern sieht man es allerdings auch nach Monaten noch nicht an.

Sophia erntet überall Kopfschütteln, Unverständnis und manchmal auch harte Kritik. Doch die Gruppe derer, die ihre Leistung anerkennen, wächst, je länger die Unbeirrbare an ihrer Lebensweise festhält. Und als Sophia nach der Geburt eines weiteren Kindes sogar anfängt, ein neues Haus zu bauen, eins, wie man es hier noch nie gesehen hat, zollen ihr viele Leute rund um Malambo dann doch Respekt.

„Sophia schafft wie ein Mann", heißt es auf dem Markt.

„Nein, wie die Sister."

„Sag ich doch."

Das neue Haus verdient den Namen Haus. Es wird mehr als eine Hütte sein, das sieht man schon. Um durch die Tür zu kommen, muss man sich nicht bücken, so hoch ist es. Und es hat – die Nachbarn können es kaum fassen – zwei voneinander getrennte Zimmer: Das eine soll für Sophia sein, das andere für die vier Kinder, die jetzt noch bei ihr wohnen. Das Allerungewöhnlichste ist jedoch, dass neben Sophias Haus noch ein zweites, ganz kleines Haus steht. Es ist schon fertig, denn hinter seinen Wänden verbirgt sich nichts als eine Grube, über der Holzbalken liegen. Das Plumpsklo weckt die besondere Neugier aller Zuschauer auf der Baustelle. Die Männer halten es für einen völlig überflüssigen Luxus. Die Frauen können sich vorstellen, dass es recht bequem sein muss, so eine Konstruktion in der Nähe zu haben,

Zwei Jahre hat Sophia für dieses Haus gespart. Die Sister war in der Zeit des Planens und Bauens so etwas wie ihre Finanzberaterin, Architektin und Seelsorgerin in einem. Diesen dreifachen Beistand hatte sie auch nötig. Denn wer es in Afrika zu Wohlstand bringt, und sei er noch so bescheiden, macht sich zugleich verdächtig. Das geht doch nicht mit rechten Dingen zu. Da sind Hexerei oder ein Zauber im Spiel! Oder einfach Diebstahl? Wie soll jemand reich oder erfolgreich sein, ohne kriminell zu werden oder seine Konkurrenten mithilfe eines Laiboni außer Gefecht zu setzen? Undenkbar!

Sophia hat seit einiger Zeit also auch Neider und Feinde. Wenn sie während der Bauzeit für einige Tage das Geld, das sie an der Maismühle verdient hat, aufbewahren muss, ehe sie Wellbleche für das Dach kaufen kann, dann versteckt sie es in einer Dose. Und die vergräbt sie in ihrer alten Hütte. Der Boden ist schnell festgetreten, dann legt sich die Ziege auf die verdächtige Stelle, und alles ist wieder, wie es war. Nur einmal hatte Sophia Angst, dass ihr Schatz gefunden werden könnte. Fünfhunderttausend tansanische Schillinge, eine Summe, die sie vorher noch nie gesehen oder in der Hand gehabt hatte, ruhten in der Dose. Ihr Bruder hatte zwei seiner Kühe verkauft und ihr das Geld geliehen. Wie sonst soll eine Frau, die selbst keine Kühe besitzen darf, in einem Land ohne Bausparkasse an einen Kredit kommen? Sophia ist froh und stolz über das Vertrauen, das ihr Bruder in sie setzt. Sie will mit der Tilgung ihrer Schulden anfangen, sobald das Haus fertig ist.

Alles, was Sophia anfasst, gelingt ihr, und ihre Energie scheint unerschöpflich zu sein. Von Anfang an hat der Vater ihrer beiden Jüngsten sie unterstützt. Jetzt ist es manchmal schon andersherum: Sophia hilft ihm, wenn seine Familie etwas braucht. Und doch gibt es eine Sache, die ihr viele Sorgen und manchmal schlaflose Nächte bereitet: Kristofa, ihr jüngster Sohn, den sie nach dem verstorbenen Bruder der Sister genannt hat, atmet oft schwer. Er war schon immer weniger belastbar als die anderen Kinder. Er läuft viel langsamer, und manchmal sagt er, dass ihm die Brust wehtut. Neuerdings hat er auch Fieber, und die Gelenke tun ihm weh.

Als Angelika das nächste Mal in Malambo ist, untersucht sie den Jungen. Sie vermutet, dass sein Herz nicht richtig arbeitet und dass er vielleicht auch rheumatisches Fieber hat. Aber was es genau ist, kann sie nicht feststellen oder gar heilen.

„Das müsste sich ein Spezialist ansehen", sagt die Sister.

„In Arusha?", fragt Sophia.

„Wenn es das ist, was ich vermute, dann kann auch in Arusha niemand Kristofa helfen. Die teuren Apparate, die man braucht, um solche komplizierten Untersuchungen zu machen, gibt es dort in keinem Krankenhaus."

„Noch nicht einmal in Arusha!?", fragt Sophia mit großen Augen. Sie war noch nie da, aber sie hat sich immer vorgestellt, dass es in der großen Stadt einfach alles gibt, was in der Steppe fehlt.

„Nein. Ich schätze, dass es nur in Daressalam einen Kardiologen gibt, einen Herz-Arzt, der die nötige medizinische Ausrüstung besitzt, um ihm zu helfen."

Daressalam und Herz-Arzt, das hört sich beides sehr fern und exotisch an. Aber wenn es das ist, was Kristofa braucht, dann will Sophia von jetzt an dafür beten, dass er es bekommt. Bei der Arbeit betet Sophia. Und sonntags in der Kirche. Da ist sie seit einiger Zeit Kirchenälteste, demokratisch gewählt für eine Amtsperiode von zwei Jahren. Wer hätte das vor einigen Jahren in Malambo für möglich gehalten: dass Männer und Frauen wählen! Und dass nicht Männer Männer wählen und Frauen Frauen, sondern dass es Männer gibt, die es gut finden, dass eine Frau in der Kirche für eine bestimmte Aufgabe Verantwortung übernimmt. Und nicht nur das: Seit einiger Zeit predigen die Frauen sogar ab und zu. Auch Sophia hat schon einmal gepredigt. Meistens aber ist sie für die Kollekte zuständig, sie, die Frau, die so gut mit Geld umgehen kann. Das Kollektensystem der Lutherischen Kirche von Tansania erscheint den meisten Wazungu rätselhaft. Aber Sophia hat den Überblick, kennt inzwischen das Alphabet und die Zahlen, und seit sie an der Maismühle arbeitet, hat sie im Kopfrechnen Übung. Jedes erwachsene Kirchenmitglied überlegt sich zu Beginn des Jahres, wie viel Geld es im kommenden Jahr spenden möchte. Diese Summe wird auf einem kleinen Umschlag neben dem Namen notiert. Das hat den praktischen Nebeneffekt, dass jedes Jahr ein aktuelles Verzeichnis der Mitglieder entsteht. Auf dem Umschlag findet sich eine Tabelle mit allen Sonntagen des Jahres. Jeden Sonntag wird nun die jeweilige Kollekte von der versprochenen Jahressumme abgezogen. Dass auf diese Weise auch der regelmäßige Besuch des Gottesdienstes kontrolliert wird, scheint niemanden zu stören. Wer im August noch nicht die Hälfte der Summe erreicht hat, wird freundlich an sein Versprechen erinnert. Falls seine wirtschaftliche Lage schlechter geworden ist und er für den Rest des Jahres keine Hoffnung auf Besserung hat, kann er die Summe nach unten korrigieren. Für Kirchgänger, die kein Bargeld besitzen, gibt es eine andere Möglichkeit, ihre Gemeinde zu unterstützen: Nach dem Gottesdienst werden Sachspenden zur Versteigerung eingesammelt. Was eine Mango, ein selbst gezimmerter Hocker oder sogar eine Ziege erbracht haben, verzeichnet Sophia dann auf dem Umschlag des Spenders.

Zu Beginn des Gottesdienstes verteilt Sophia die Umschläge. Dann setzt sie sich auf ihren Platz neben dem Eingang und betet. Jeden Sonntag beginnt sie den Gottesdienst mit einem Gebet für Kristofa. Dass er bald in Daressalam von einem Herz-Arzt untersucht wird, dass der ihm auch helfen kann und dass die ganze Sache nicht so teuer ist, dass sie gleich wieder nach Hause reisen müssen.

Eine Herzoperation durch einen Spezialisten für einen ganz normalen kleinen Steppenjungen – außer der Sister weiß niemand, dass Sophia davon träumt und dafür betet. Es ist zu verrückt. Wer so schwach ist wie Kristofa, der lebt eben nicht lange. So ist das. Und manchmal denkt Sophia selbst, dass sie nach allem, was ihr geglückt ist, vielleicht schon die Bodenhaftung verloren hat. Ist es ein Zeichen dafür, dass sie übergeschnappt ist, wenn sie hartnäckig weiterbetet?

Von allen Geschichten, die sie in letzter Zeit im Gottesdienst gehört hat, gefällt ihr eine am besten: die von der Frau, die mitten im Gewühle der vielen Menschen einen Zipfel des

Umhangs fasst, den Jesus trägt, und gesund wird. Sie kann sich die Szene gut vorstellen. Es muss wie auf dem Viehmarkt in Malambo gewesen sein. Eine kleine Frau geht da völlig unter, und dass sie ein großes Problem hat, sieht keiner. Und doch wurde diese Frau gesund. Warum soll sie also nicht weiter beten und hoffen?

Angelika und Jutta entwerfen derweil in Kwa Ngulelo einen Rettungsplan und sammeln Geld. Sie wissen nicht, wie teuer die Sache wird, aber es dürfte eine ihrer teureren Hilfsaktionen werden. Und dann wird Kristofa ins Krankenhaus nach Daressalam transportiert. Tatsächlich leidet er an rheumatischem Fieber, dazu kommt eine Herzentzündung. Er bekommt Penicillin in hoher Dosis, und er erholt sich gut. Die beiden Frauen dürfen ihn bald schon abholen und in sein Boma zurückbringen. Wer Kristofa einige Wochen später in Malambo sieht, könnte denken, er sei schon immer gesund, quicklebendig und fußballbegeistert gewesen. Aber er ist weiterhin von Penicillin abhängig, einmal im Monat muss er eine Injektion bekommen. Das Spritzen könnte Sophia lernen, auch, was sterile Bedingungen sind, jedenfalls ziemlich sterile. Doch wie soll sie das Medikament in der Steppe kühlschrankfrisch halten? Und wer soll Kristofa zu den Nachuntersuchungen fahren? Bald schon wird klar: Der Junge kann nicht länger bei seiner Familie wohnen, sondern muss in der Nähe einer Stadt untergebracht werden. Wieder einmal bietet „Living Water", Kimaros Internat in der Nachbarschaft von Kwa Ngulelo, die Lösung. Hier sind auch andere Kinder, die gesundheitliche Probleme haben. Und außerdem ist Kristofa nicht der einzige Massai-Junge. Auch andere Schüler sind in einem Boma aufgewachsen und sprechen Kimassai. Paten bringen das Geld für seinen Unterhalt und für die Medikamente auf.

Sophia fällt der Abschied nicht leicht, als Kristofa zum ersten Mal nach Arusha fährt. Aber dieser Tag erfüllt sie auch mit Dankbarkeit: Da fährt ein so gut wie gesunder, fröhlicher Junge an einen Ort, den er mit Neugier und Spannung erwartet. Wenn ihm nicht geholfen worden wäre, hätte es ein ganz anderer Abschied sein können ...

Während Sophia die wenigen Kilometer, die den Sammelplatz der Kinder von ihrem Boma trennen, zu Fuß geht, macht sie sich ihre Gedanken. Sie ist jetzt dreißig Jahre alt, ihre Kinder sind groß, der Jüngste fährt gerade „in die weite Welt". Alle Kinder, die sie selbst geboren hat, gehen zur Schule, die Mädchen hat sie davor bewahren können, beschnitten zu werden. Ihre Aufgabe als Mutter ist so gut wie erledigt. Sie besitzt ein Haus, das wirklich nur ihres ist. Und mehr noch: Sie selbst gehört niemandem. Kein Mann kann sagen, sie sei sein Besitz. Aber was kommt jetzt?

Sophia wäre nicht Sophia, wenn ihr nicht schon auf dem Nachhauseweg eine Idee käme – nein: Es kommen ihr gleich zwei Ideen. Sie würde gern einen kleinen Laden eröffnen. Zucker, Tee und vielleicht ja sogar einiges aus eigenem Anbau verkaufen. Oder sollte sie doch lieber ein kleines Guest House bauen? Dort könnte sie Touristen unterbringen, die auf Safari sind und von der Serengeti nach Kenia weiterreisen wollen. Oder Besucher der Sister. Und dann kommt ihr noch eine dritte, ganz verrückte Idee, die sie kaum zu denken wagt: Wie wäre es, wenn sie die erste Frau in der Geschichte der Massai wäre, die mit Kühen handelt? Mit dem kostbarsten, das ein Massai kennt? Sie ist eine Tochter Gottes, also würdig. Und sie hat eine Sister, eine große Schwester – diese Übersetzung kennt sie längst –, die verrückte Ideen immer gerne unterstützt. Warum also nicht?

7

Der Tag vor dem großen Tag

———— ❖ ————

Eineinhalb Safariwagen rumpeln durch die Steppe. Das
geht. Ein Safariwagen ist normalerweise ein Jeep mit
einem Dach, das sich hochklappen lässt. Dann können die
Touristen im Wagen stehen und Tiere beobachten. Und sie
können vor allen Dingen stundenlang fotografieren, ohne der
prallen Sonnen ausgesetzt zu sein. Für größere Touristen-
gruppen lässt sich auch ein Kleinbus mit diesem speziellen
Dach ausstatten. Und für noch größere Gruppen kann man an
den Kleinbus die hintere Hälfte eines halbierten, zweiten
Kleinbusses anschweißen. Da man aber nicht gerne einen
fahrtüchtigen Kleinbus zersägt, dürfte das zweite Teil eher von
einem Schrott-Bus stammen, dessen Hinterteil noch ganz gut
aussah. Wie auch immer: Es gibt jetzt zwei Sitzreihen und
eine Rückbank mehr. In Ländern, die das Autofahren mit
allerhand Bürokratie umgeben, bekäme diese Konstruktion
womöglich keine Zulassung. Aber das merken nur die Reisen-
den, die sich ahnungslos auf die hintere Bank gesetzt haben.
Auch eineinhalb Safariwagen haben nämlich nur vier Räder.
Auf die beiden Räder der angeschweißten Hälfte wurde verzichtet. Kaum geht es über das erste Schlagloch, werden die
Hinterbänkler mit dem Kopf gegen die Decke geschleudert.
Frei wie ein Lämmerschwanz bewegt sich ihr Wagenteil auf
und ab. Stramm gezurrte Sicherheitsgurte könnten die Schläge verhindern. Auch das Essen und Trinken hätten die Gäste

lieber einstellen sollen. Aber es fehlten die freundlichen Hinweise der Hostess, und die Gurte sind dünne Strippen, die erst nach dem ersten Schlag hastig vor dem Bauch verknotet werden.

Dennoch ist die Reisegruppe frohgemut, die sich da in Richtung Malambo bewegt. Der Blick in den Ngorongoro-Krater war hinreißend. Die Zebra- und Antilopenherden, die den Weg kreuzen, sind so zahlreich, dass die „Missions-Touris" das Fotografieren schon eingestellt haben. Nur die Giraffen rufen noch „Aahs!" und „Oohs!" hervor, vor allem, wenn sie mit ihrem Nachwuchs unterwegs sind. Die zwei Geländewagen, die zum Fest geliefert werden sollten, stecken immer noch im Hafen von Mombasa fest, und alle sind froh, dass wenigstens dieser Safariwagen gemietet werden konnte. Wer unter dem offenen Dach steht, nimmt schnell Steppenfarbe an, und die gelb-rot gepuderten Haare behalten noch für Stunden ihr vom Fahrtwind geformtes Styling. Ob es in Malambo so viel Wasser gibt, dass es fürs Haarewaschen reicht?

Man kann zum großen Fest auch bequemer anreisen. Dann sollte man allerdings einigermaßen schwindelfrei sein. Das Leichtbauflugzeug wird von einem erfahrenen Piloten der Mission Aviation Fellowship (MAF) gesteuert, der die Mitreisenden vor dem Start nach ihrem Gewicht fragt. Nicht weil er indiskret ist, sondern weil es gilt, die vorhandenen Kilos gut zu verteilen. Nach Gewicht sortiert steigen die prominenten Gäste auf dem Flughafen von Arusha dann ein: der aus Daressalam angereiste deutsche Botschafter und seine Frau, eine Mitarbeiterin der Botschaft, die für Entwicklungshilfe zuständig ist, der Bischof der lutherischen Kirche von Arusha und seine Frau – schon ist die Maschine voll besetzt und startet Richtung Norden. Bald bietet sich ein atemberaubender Aus-

Der Steppen-Airport

blick über kahle Gebirgszüge und unendlich weites Steppen-
land. Aber auch noch etwas anderes kann den Atem rauben: So
ein Mini-Flieger hat natürlich kein System zum Druckaus-
gleich, deshalb ruft der Pilot immer mal: „Kriegen Sie noch
Luft oder soll ich ein bisschen tiefer fliegen?" In der Nähe des
Oldonyo Lengai, des heiligen Bergs der Massai, lässt der Pilot
die Maschine so nah, wie es geht, am Kraterrand aufsteigen.
Der Vulkan ist nach dem Erdbeben weiter tätig, das lässt sich
gut erkennen. Die erst vor Kurzem ausgetretene Lava unterscheidet sich klar von den alten, wie festgefroren wirkenden
Lavaströmen. Und der Bischof, dem der Anblick des Vulkans
von oben vertraut ist, erkennt auch, dass die letzten Erdstöße
dem Gipfel eine neue felsige Zacke beschert haben. Lieber
nicht zu lange über die Kräfte nachdenken, die hier tätig waren. Man bekommt leicht Gänsehaut …

Während von überall her Gäste auf Luft- und Sandwegen unterwegs sind, laufen in Malambo die letzten Vorbereitungen auf vollen Touren. Wo ist der Duschvorhang für die Ambassador's Lodge? Diesen hochtrabenden Namen hat ein kleines Häuschen erhalten, das extra für dieses Fest errichtet worden ist. Von Ferne wirkt es fast wie ein norddeutscher Klinkerbau, dabei wurde jeder Ziegel vor Ort aus roter Erde gebrannt und gleich verbaut. Ein Zimmer mit Doppelbett, ein – man könnte beinahe sagen: Bad, eine kleine Loggia davor, fertig ist das Palais für den Botschafter. In letzter Minute konnte der Fundi (so heißt hier jeder Handwerker) daran gehindert werden, die Toilettenschüssel unter der Brause zu installieren. Und in allerletzter Minute soll nun noch das eine vom anderen optisch getrennt werden. Als das dafür vorgesehene Stück Stoff gefunden ist, wird es an einem dünnen Ast befestigt. Dann klettert eine Helferin auf die Schultern eines Helfers, macht den Ast mit Bindfaden an den offen liegenden Dachbalken des Häuschens fest, und fertig ist das Luxus-Bad.

Was jetzt noch fehlt, ist das Schild, das neben dem Eingang der neuen Schule prangen soll. Den Namen hat Angelika schon auf einen Zettel geschrieben: „Naserian English Medium Primary School". Es hat sie einige Mühe gekostet, die Dorfbewohner davon abzuhalten, sie „Sankt Angelika School" zu nennen. Das wäre der Sister zu viel der Ehre und zu wenig massaimäßig. Naserian ist der Name, den einige Massai ihr schon vor vielen Jahren gegeben haben, und er bedeutet: „die Frieden bringt". Über diesen Titel freut sie sich sehr, und die Heiligsprechung kann warten.

In Deutschland würde man jetzt einen Schildermacher beauftragen, Schriftgröße, Farbe und die Art der Aufhängung diskutieren, aber hier kann ja fast jeder beinahe alles. Drei von Angelikas vielen Nichten und Neffen sind angereist und übernehmen spontan die künstlerische Leitung und praktische Ausführung.

Neben ihnen kniet der Abgeordnete eines wohltätigen Clubs aus dem Rheinland und versucht, den defekten Generator zum Laufen zu bringen. Er ist Anwalt und eher gewohnt, säumigen Gegnern Beine zu machen. Aber er tut, was er kann, und tatsächlich fängt der Motor irgendwann freundlich zu tuckern an.

Gegenüber entstehen aus drei riesigen Plastikeimern voller roter und gelber Rosen Gestecke zur Dekoration der Bühne. Wer es sieht, glaubt zu träumen: Wie kommen die Rosen in die Steppe? Die Gäste, die mit der Sister angereist sind, hatten das Vorrecht, einen Tag im überladenen Geländewagen zwar eng gequetscht, aber in wunderbarem Rosenduft zu verbringen. Die Plastikblumen, die Angelika eigentlich kaufen wollte, waren nämlich unerschwinglich. Die etwa 200 kenianischen Rosen dagegen haben umgerechnet nur zwanzig Euro gekostet. Ob sie ihre bezaubernde Frische bis morgen bewahren, ist bei diesem Klima mehr als fraglich. Aber heute bieten sie einen Anblick, der alle Ankommenden verblüfft und begeistert. Einige Frauen ordnen die Blumen in einer Art kleiner Wandelhalle zu Gestecken. Auch die Halle gehört zu einem Gebäude, das erst vor wenigen Tagen fertig geworden ist, einer Kombination aus Kirche und Augenklinik. Ein Teil des Gebäudes ist überdacht, aber an den Seiten offen: ein schattiger Platz, der als Wartezimmer dienen soll, wenn nicht gerade Gottesdienst gefeiert wird. In den drei Zimmern, die angrenzen, stehen Pritschen für Patienten oder auch für Gäste, die übernachten wollen. Alles sistermäßig einfach und multifunktional.

Ein warmer Steppenwind weht unablässig und stößt ab und zu ein fertiges Gesteck von der Brüstung der „Wandelhalle"

Die Ambassador's Lodge

herunter. Aber er sorgt auch dafür, dass der Rosenduft über den ganzen Compound zieht, das, was man früher Missionsstation nannte. In einer Ecke mischt sich der sanfte Duft mit dem sehr viel strengeren von etwa dreißig Ziegen. Sie sind in eine Umzäunung gesperrt worden und meckern unbekümmert. Dabei wird es ihnen morgen in aller Frühe an den Kragen gehen. Die Tiere sind eine Spende der Einwohner von Malambo – ein Zeichen der Dankbarkeit für die Gründung der Schule und ein echtes Opfer. Auch wenn sich alle Spender schon freuen, beim Festschmaus dabei zu sein.

Im Lehrerhaus werden aus Steinen und Brettern noch schnell einige Betten hergestellt. Da Malambo selbst bisher nur einen einzigen Lehrer hervorgebracht hat, kommen so gut wie alle Lehrkräfte aus anderen Teilen des Landes und wohnen während des Schuljahres in einem Haus auf dem Compound. In dem lang gestreckten Gebäude liegen sechs Zimmer mit je einem kleinen Vorraum nebeneinander. Auf den Stufen vor den Zimmern sitzen die Lehrer gewöhnlich am Abend und brutzeln sich auf kleinen Gaskochern ihr Abendessen. Jetzt sind sie in zwei Zimmer zusammengerückt und haben den älteren Gästen Platz gemacht, die in Betten schlafen dürfen. Die Jüngeren bauen ihre Zweimannzelte auf – Vorsicht! Hier wurde heute Morgen noch eine Schlange gesehen ...

Der Äquator ist nicht weit, und deshalb wird es schon kurz nach sechs Uhr dunkel. Jedenfalls, wenn man auf europäische Weise die Stunden zählt. Nach afrikanischer Zeit ist es kurz nach zwölf, schließlich dauert der Tag zwölf Stunden. Wenn es hell wird, beginnt er, und wenn es dunkel wird, ist er vorbei. Das ist doch viel logischer, als den Tag mitten in der Nacht beginnen zu lassen! Und außerdem biblisch.

Wenn es in Malambo dunkel wird, dann breitet sich wirklich rabenschwarze Nacht aus. Schon stolpern die Gäste suchend über das Gelände. Die nächste Straßenlaterne dürfte etwa 200 Kilometer von hier stehen, und dummerweise scheint noch nicht einmal der Mond.

„Entschuldigung, ich wollte dich nicht anrempeln."

„Eben hatte ich noch eine Tasse."

„Wenn ich meine Zahnbürste finden könnte, würde ich anfangen, Wasser zu suchen."

„Was da über unseren Köpfen saust – sind das etwa alles Fledermäuse? Sooo viele!!??"

Die Zahl der Gäste, die inzwischen den Compound bevölkern, ist schwer zu schätzen. Für den Botschafter ist ein Sicherheitsdienst angerückt. Junge Krieger aus dem Dorf schauen vorbei und wagen es nach einiger Zeit auch, mit den Gästen Kontakt aufzunehmen. Deutsche, die es vor vielen Jahren nach Tansania verschlagen hat und die den „Afrika-Virus" nie wieder loswurden, sind angereist, um der Sister und

Jutta zu gratulieren. Die Verständigung zwischen all diesen Menschen ist gar nicht so schwierig, wie man meinen sollte. Ein bisschen Kisuaheli können hier viele, ein paar Worte Kimassai reichen, um sich freundlich zu begrüßen. Doch das meiste läuft in der Weltsprache, also schlechtem Englisch mit je eigenem Zungenschlag. Jeder drückt sich ohne Hemmungen so aus, wie es ihm möglich ist. Hauptsache, der andere kann sich denken, was gemeint ist.

Dank des frisch reparierten Generators spendet Juttas Nachttischlampe jetzt etwas Licht und macht sichtbar, dass ein richtig großes Buffet aufgetragen worden ist. Ein riesiger Topf mit Pilau, dem tansanischen Traditionsgericht aus Reis, Fleisch und Erdnüssen, steht neben vielen Broten, die Peter, ein ehemaliges Straßenkind aus Daressalam, am Nachmittag gebacken hat. Aus Arusha sind Tomaten und Gurken herbeigeschafft worden, und zum Nachtisch spendiert Jutta einen klassischen deutschen Kuchen.

Als alle satt sind, nimmt Tetsche, Angelikas Bruder, die Gitarre und fängt an zu singen. Lieder aus der „Mundorgel", alte Hits, die die Älteren auswendig können und die Jüngeren mitsummen. „We shall overcome", „Sag mir, wo die Blumen sind", „Kumbaya, my Lord" … Je mehr Leute dazukommen und sich mit in den Kreis stellen, desto vielfältiger wird das Liedgut. „Feiert Jesus" und Lieder auf Kisuaheli wechseln sich ab. Wer nicht mehr stehen kann, sucht sich etwas abseits eine Sitzgelegenheit und schaut in den Sternenhimmel. Unglaublich, wie hell und nah alles wirkt, wenn keine Lichtquelle vom Boden stört! Der große Wagen steht ganz unten am Horizont und ist gar nicht ganz zu sehen. Er scheint ja „zu Hause", da oben im Norden. Dafür sind der Skorpion und das Kreuz des Südens deutlich auszumachen. Und die Milchstraße ist so riesig und zum Greifen nah!

„Lala salama!" Einer nach dem anderen wünscht eine gute Nacht und sucht seinen Weg zum Schlafplatz. Nur die Letzten, die sich noch bis in die Nacht hinein etwas über Gott und die schwarze Welt zu erzählen haben, hören die Hyänen. Die Biester haben gerochen, dass das Buffet nicht völlig vegetarisch war.

„Geduldet euch!", ruft Tetsche in die Dunkelheit hinein. „Das richtig große Fest ist erst morgen!"

8

Die Enkelin

u kannst Christ sein. Oder du kannst Massai sein. Aber du kannst nicht beides zugleich sein."

Es ist das Jahr 1914. Weit weg von jener Weltgegend, der man in Berlin kurzerhand den Namen Deutsch-Ostafrika gegeben hat, ist gerade der Erste Weltkrieg entfesselt worden. Alannoni, ein heidnischer Massai, sagt diese Sätze zu Hermann, einem christlichen Missionar. Die beiden sitzen in der südlichen Massaisteppe vor einer Hütte und können nicht ahnen, dass der Krieg selbst diesen entlegenen Winkel bald erreichen wird. Hermann ist nicht etwa ein Weißer mit Tropenhelm und schwarzen Bediensteten, sondern selbst Massai. Er hat lange als „Boy" bei deutschen Missionaren an der Küste gelebt, spricht Kimassai, Deutsch und Kisuaheli und ist nun zu seinem Volk, den Massai, zurückgekehrt, um ihnen das Evangelium zu bringen. Seinen ungewöhnlichen Namen hat er in Erinnerung an einen Missionar bei seiner Taufe bekommen. Hermann hat „die Welt", also Tanga und andere Orte an der Küste, gesehen. Er kann lesen und schreiben und deutsche Tischsitten beachten. Aber in den Augen seines Stammesbruders ist er ein armer Wicht. Er hat nur eine einzige Frau und keine einzige Kuh. Was will er den Massai sagen? Was sollen sie von ihm lernen? Wofür ist er überhaupt wieder hergekommen? Um sich bedauern zu lassen? Ein Christ mag ja so leben wie Hermann, wenn er meint, das sei richtig. Aber dann hört er eben auf, ein Massai zu sein. Das versucht Alanuoni Hermann klarzumachen.

Das Verrückte an der Geschichte: Die beiden Männer sind sich vollkommen einig. Auch Hermann sagt zu seinem Gegenüber: „Du kannst Christ sein. Oder du kannst Massai sein. Aber du kannst nicht beides zugleich sein." Hermann hat den christlichen Glauben so kennengelernt, wie er in Europa gelebt und jetzt nach Afrika gebracht wird: Ein Christ ist jemand, der Hemd und Hose trägt, wenn er ein Mann ist, und ein Kleid, wenn er eine Frau ist. Ein Christ wäscht sich jeden Tag und bügelt seine Kleidung. Die Kinder der Christen gehen in die Schule, und deshalb können alle Christen lesen. Ein Christ besitzt eine Bibel und ein Gesangbuch. Und vor allem: Ein Christ hat nur einen Ehepartner. Hermann hält es deshalb für seine Aufgabe, seinem Gegenüber klar zu sagen, was sich ändern muss, wenn er als Christ leben will.

„Als Christ darfst du nicht mehr nur mit einem Tuch bekleidet herumlaufen. Es ist unanständig, dass du nichts darunter trägst! Deine Frau sollte sich die Haare wachsen lassen, denn ein kahl geschorener Kopf wirkt aufreizend und bringt fremde Männer auf dumme Gedanken. Und dieser ganze Schmuck! Ihr Heiden behängt euch von oben bis unten mit Ohrringen, Halsketten, Armreifen, Fußreifen … Das kann Gott nicht gefallen! Der innere Schmuck ist es, der den Christen ziert."

Der innere Schmuck? Alanuoni unterdrückt ein Lachen. Warum soll man sich innerlich schmücken, wenn man sich äußerlich schmücken kann? Dürfen Christen etwa nicht schön sein? Oder findet man, sobald man getauft worden ist, Ringe und Perlen plötzlich nicht mehr anziehend?

„Dein Geschmack hat sich ja vielleicht geändert, während du an der Küste gewohnt hast. Da will ich nicht mit dir streiten", lenkt Alanuoni ein. „Aber eins musst du zugeben: Dass

Ein junger Hirte

Sophia und Angelika

Kristofa

Sophias Haus

Rahema hütet ihre Cousine

Der Stock macht den Hirten

Das Kino kommt!

Reifenwechsel in der Steppe

ihr den Männern verbietet, mehrere Frauen zu haben, ist ein großer Fehler. Nicht nur, weil ihr euch bei den Männern unbeliebt macht, sondern weil ihr eurer eigenen Arbeit schadet."

„Warum sollten wir das?"

„Weil doch überall, wo ihr predigt, vor allem die Frauen auf euch hören und Christen werden. Und jetzt denk mal nach: Wenn so eine Frau nach Hause in ihr Boma kommt, dann erzählt sie doch von ihrem neuen Glauben. Und da hören ihr alle Frauen ihres Mannes zu, die älteren Kinder dieser Frauen und vielleicht sogar ihr Mann. Wenn sie aber die einzige Frau ihres Mannes ist – wer hört ihr dann zu? Dann dauert es doch viel länger, bis eure Botschaft sich verbreitet."

Hermann wiegt den Kopf. „Da hast du recht. Die meisten Massai-Christen sind Frauen. Und die wenigen Männer, die bisher getauft wurden, haben das Evangelium oft von ihren Frauen gehört. Aber deswegen kann ich mich doch nicht über das hinwegsetzen, was in der Bibel steht!"

„Hast du nicht gestern die Geschichte von Jakob erzählt? Ich habe vergessen, wie viele Frauen er hatte, aber es waren nicht gerade wenige."

„Die Bibel hat aber zwei Teile, und die Jakobsgeschichte steht im ersten Teil. Im zweiten Teil wird die Sache mit der Vielehe ganz anders gesehen."

Jetzt lacht Alanuoni laut. „Dann erzähl uns lieber nur Geschichten aus dem ersten Teil und erspare dir Mühe und Ärger! Dieser Jakob hat mir jedenfalls gefallen. Ein Mann wie er wäre doch jeder von uns gern. Aber so, wie du lebst ... Es tut mir leid. Das kannst du keinem echten Massai zumuten."

„Ich bin es doch nicht, der euch das zumutet. Gott selbst ist es. Er fordert von uns Glauben und Gehorsam seinem Wort gegenüber. Ich bin nur sein Bote und sage dir, was sein Wille ist. Ich habe mir das alles ja nicht ausgedacht."

„Nein, ich weiß", antwortet Alanuoni, „es sind die Regeln, die der Mzungu-Gott aufgestellt hat und die sie dir in Tanga beigebracht haben. Ich will aber kein Mzungu werden. Und selbst wenn ich bereit wäre, mit nur einer Frau und wenigen Kindern zu leben – das Wichtigste ist und bleibt, dass jeder Massai Hirte ist. Und ein Hirte muss mit seiner Herde umherziehen. Wie soll das gehen, wenn meine Kinder zur Schule gehen? Eine Schule bleibt immer an einem Ort. Oder habt ihr Lehrer, die wie Hirten weiterziehen und immer wieder eine neue Schule bauen? Lehrer wollen am Ort bleiben, und Hirten wollen weiterziehen. So ist das, und das passt nicht zusammen. Ich kann meine Kühe nicht an einem trockenen Platz verhungern lassen, nur damit meine Kinder lesen und schreiben lernen. Und überhaupt: Was sollen sie damit eigentlich anfangen? Machen Bücher etwa satt?

Seit Monaten teilt Hermann nun das Leben seines Volkes, und es fällt ihm schwer. Er war etwa zehn Jahre alt, als er das Massailand verlassen und seine Familie verloren hat, die auf der Flucht vor einer großen Hungersnot war. Noch schwerer fällt es seiner Frau Lydia. Sie ist eine Bantu, genauer: eine Digo vom Ufer des Indischen Ozeans, und muss sich redlich Mühe geben, ihr Entsetzen darüber zu verbergen, wie „primitiv" es bei den Massai zugeht. Wenn sie nicht ihren Mann lieben und ihre missionarische Aufgabe ernst nehmen würde, sie hätte schon längst ihre Siebensachen zusammengepackt und wäre zur Lutherischen Missionsstation nach Tanga zurückgekehrt. Aber so nimmt sie sich zusammen und nickt lediglich, wenn ihr Mann wieder einmal seufzt: „Der Prophet gilt nichts im eigenen Land. Es wäre alles viel einfacher, wenn ich kein Massai, sondern ein Mzungu wäre." Und dann anfügt: „Ein echter Mzungu. Kein Schwarzer in Mzungu-Kleidern, den keiner ernst nimmt."

Nur wenige Wochen später zieht Alanuoni mit seiner großen Familie und all seinem Vieh nach Norden, in Richtung der Usambara-Berge, den heranrückenden Engländern entgegen. Von den Deutschen geht das Gerücht, sie nähmen den Massai ihre Rinder ab, um ihre Truppen zu ernähren. Und Hermann sei einer ihrer Spione.

Die Geschichte der Mission unter den Massai ist eine Geschichte dürrer Erfolge und herber Rückschläge.

„Neben anderen Missionsgesellschaften entschloss sich auch die Leipziger Mission, dem deutschen Vaterlande in seiner Kolonisationsarbeit behilflich zu sein und den neuen deutschen Untertanen in den Kolonien den Segen des Christentums zu bringen", schreibt 1914 einer der ersten Missionare am Fuße des Kilimandscharo. Er blickt auf die ersten zwanzig Jahre Missionstätigkeit zurück: Ohne es zu ahnen, sind die Massai Untertanen des deutschen Kaisers geworden und sollen nun auch den Segen des Christentums erlangen. Was aber ist der Segen des Christentums? Gerade sind die Christen dabei, einen Krieg aus Europa zu importieren, mit dem die Afrikaner rein gar nichts zu tun haben. Als Untertanen werden viele von ihnen aber nun Teil der deutschen Truppen. Im Kampf geht es gegen die Engländer, aber natürlich viel seltener gegen „echte", weiße Engländer als gegen schwarze Landsleute, die zufällig für die andere Seite rekrutiert wurden. Kaum einer versteht, warum hier wer gegen wen kämpft. Aber am Ende sind 80 000 Afrikaner tot, und der Kommandant der deutschen Truppen, Paul von Lettow-Vorbeck, schreibt ein Erinnerungsbuch mit dem Titel „Heia Safari!".

„Du sollst nicht töten!", haben die Missionare den kriegerischen Massai gepredigt. Gilt das plötzlich nicht mehr? Die Europäer kommen aus kulturell und technisch hoch entwickelten Ländern und bringen den „Wilden" die Zivilisation.

Bis vor Kurzem war das auf allen Seiten unbestritten. Zwischen Daressalam und Moshi fährt schließlich neuerdings eine deutsche Eisenbahn, und an vielen Orten haben die Engländer Brunnen gegraben und Wasserleitungen verlegt. Doch der Krieg sät Zweifel an der moralischen Überlegenheit der Weißen. Deutsche und Engländer bringen sich keinesfalls weniger barbarisch um als zum Beispiel Massai und Pare. Sie haben nur andere Waffen, und es gelten andere Spielregeln. Beides hat aber eigentlich nur Nachteile: Im Krieg der Europäer dauert es viel länger, bis der Sieger feststeht, und deshalb kommen mehr Menschen um als bei den Stammesfehden der Afrikaner.

Aber die Arbeit von Pfarrern, Krankenschwestern und Lehrern kann man doch nicht mit dem Kampf nationalistisch verbohrter Militärs gleichsetzen!

Das stimmt. Mission ist tatsächlich etwas Anderes, und deshalb predigen, pflegen und unterrichten die Missionare in Deutsch-Ostafrika während des Ersten Weltkriegs auch weiter, so gut es unter diesen Umständen geht. Und so weit die Massai es zulassen. „Sie sind ein wildes, stolzes Volk, das alle anderen als Barbaren verachtet. Die Arbeit wird den Frauen überlassen. Reinlichkeit ist unbekannt", ist in einem Bericht zu lesen. Aber natürlich sind die Missionare Kinder ihrer Zeit. Wie die Kolonialherren sind sie überzeugt von der Überlegenheit der Weißen, glauben, dass gebügelte Kleidung grundsätzlich besser ist als ungebügelte oder gar keine Kleidung und dass Bachs Choräle mehr wert sind als die Tänze der Massai. Weil sie aber treue Christen und Bibelleser sind, wissen sie auch, dass Gott alle Menschen geschaffen hat, also auch die schwarzen, und dass man ihnen helfen muss. Dem Gebot der Nächstenliebe folgend, soll man sie zu Einsicht und Besserung führen. Etwas Herablassung ist dabei, aber auch unendlich viel

Ewald Ovir   *Karl Segebrock*

guter Wille und großer Opfermut. Und die feste Überzeugung, dass das Evangelium ein Licht ist, das auch den entlegensten Teil der Welt erhellen kann.

Die Arbeit der Missionare hat aber noch eine Schwachstelle, und dieser Punkt wiegt schwerer: Die Mission ist immer wieder auf unselige Weise mit den Interessen der Kolonialisten verquickt. Unerschrockene Pioniermissionare erkunden eine Gegend, in die sich noch nie ein Weißer gewagt hat, schlagen ihre Zelte auf und beginnen sich mit den einflussreichen Köpfen einer Volksgruppe anzufreunden. „Um den Boden für das Evangelium zu bereiten", natürlich! Die Kolonialtruppen freuen sich über diese tapfere Vorhut, profitieren von ihren Informationen und ersten Erfahrungen, bauen eine Straße zur Erschließung dieser Gegend und nutzen den Einfluss der Missionare, um Arbeitskräfte zu rekrutieren. Die Missionare wiederum haben natürlich nichts gegen die Straße. Sie macht es ihnen leichter, an die Dinge des täglichen Bedarfs und im Ernstfall auch an medizinische Hilfe zu kommen. Und vielleicht können auf diesem Weg ja sogar bald ihre Ehefrauen nachreisen? Die Missionare bedanken sich bei den Kolonialführern und helfen beim Kontakt zu den „Eingeborenen", indem sie übersetzen. Sie haben nämlich sofort mit dem Lernen der fremden Sprache begonnen, um verständlich predigen zu können. Die Kolonialisten geben sich in dieser Hinsicht wenig Mühe. Sie haben ja die frommen Dolmetscher. Die können dafür ganz unbesorgt schlafen, denn in der Nähe stehen vom Kaiser bezahlte und gut bewaffnete Wächter, die alles, was den Weißen gehört, im Auge behalten. Und so geht es hin und her, bis ein dichtes Netz gegenseitiger Hilfen und Verpflichtungen gewoben ist, das beide Seiten schier unauflöslich miteinander verbindet. Soll man da einem Afrikaner verübeln, dass er zwischen den Absichten und Interessen der verschiedenen Bleichgesichter nicht genau unterscheiden kann?

Gerade im Gebiet der Massai hatte es, kaum dass die ersten Deutschen auftauchten, eine furchtbare und tragische Geschichte gegeben. Karl Segebrock und Ewald Ovir hießen die beiden jungen Männer, die sich zur Mission unter den Völkern am Fuße des Meru-Berges berufen sahen. Segebrock kam aus dem baltischen Kurland, das heute zu Lettland gehört. Er war nicht nur Tischler und Lehrer, sondern hatte in Vorbereitung auf seinen Dienst auch noch eine theologische Ausbildung in Leipzig gemacht, hatte Griechisch und Latein gelernt – ein hoch qualifizierter und hoch motivierter junger Mann von 24 Jahren. Sein Kollege Ovir kam aus Reval, dem heutigen Tallinn, war in Estland Hauslehrer gewesen, hatte sich ebenfalls in Leipzig theologisch fortgebildet und war erst 23 Jahre alt, als die beiden das Schiff nach Deutsch-Ostafrika bestiegen.

Ein knappes Jahr verbrachten die Männer auf bereits bekanntem Territorium, dann brachen sie auf, um das Gebiet der Meru und der Arusha-Massai zu erkunden. Von Anfang an begeistert: Die Hänge des gewaltigen Berges waren mit einer reichen Flora und Fauna gesegnet. Wasser gab es im Überfluss. Das Klima war gut auszuhalten. Und wichtiger als all das: Die Leute, auf die sie trafen, waren freundlich und aufgeschlossen. Konnte es Besseres geben, als hier mit einer neuen Missionstätigkeit zu beginnen? Und konnte es ein ehrgeizigeres Ziel geben, als den katholischen Missionaren zuvorzukommen? Es wäre doch sehr schade, wenn die Massai einer, wie sie fanden, leicht verfälschten Version des Evangeliums Glauben schenken würden …

Der Grabstein der ermordeten Missionare

Fünf Tage später waren die beiden jungen Männer tot. Von zahllosen Speerstichen durchbohrt und dann von wilden Tieren zerrissen.

Was hatte die so gastfreundlichen Bewohner der Gegend zu diesem brutalen Doppelmord getrieben?

Segebrock und Ovir hatten am Abend vor ihrem Tod Besuch bekommen. Einen Besuch, den sie lieber abgewiesen hätten. Hauptmann Kurt Johannes, Kompanieführer der deutschen Schutztruppe und bekannt dafür, mit Schwarzen nicht gerade zimperlich umzugehen, war mit einer kleinen Gruppe von Soldaten unterwegs. Auch er war auf Erkundungsreise, auch er schlug mit seinen Leuten ein einfaches Zeltlager auf. Und weil er gehört hatte, dass zwei junge Missionare ebenfalls in der Gegend unterwegs waren, suchte er sie auf und lud sie zum Abendessen in sein Camp ein. Die beiden Männer nahmen die Einladung an. Man aß, man tauschte abenteuerliche Reisegeschichten aus, und als man sich am späten Abend verabschiedete, überredete der Hauptmann die Missionare, für den Rückweg zu ihren Zelten doch Waffen mitzunehmen. Die beiden wollten die Waffen erst nicht nehmen, schließlich waren sie immer gut ohne sie ausgekommen. Aber weil der Hauptmann sie dazu drängte, willigten sie schließlich doch ein, nahmen jeder ein Gewehr – und wurden in der Dunkelheit mit den Leuten des verhassten Hauptmanns verwechselt. Sie bezahlten es mit ihrem Leben.

Mission und Kolonialismus, zum Verwechseln ähnlich. Das ist die Tragik der ersten Jahre deutscher Missionstätigkeit. „Unsere Blutzeugen am Meru" wird ein Missionar später seinen Bericht von diesem Unglück überschreiben. So als seien die beiden um ihres Glaubens willen ermordet worden. Doch nicht nur diese zweifelhafte Deutung, etwas anderes macht die ohnehin schreckliche Geschichte ganz unerträglich: Hauptmann Johannes fühlt sich berufen, Rache zu üben – sofort, und ohne vorher mit den verbliebenen Missionaren zu sprechen. Erst bestattet er das, was von den beiden jungen Männern übrig geblieben ist, dann startet er seinen blutigen Rachefeldzug. Er kostet Hunderte Afrikaner das Leben – und legt, ohne dass der wütende Rächer das ahnen kann, den Grundstein zu einer Stadt, die heute ein pulsierendes Handelszentrum Tansanias ist: Arusha, Ausgangspunkt vieler Touren zum Kilimandscharo und in die Serengeti. Hauptmann Johannes lässt eine Festung errichten, von schwarzen Arbeitern versteht sich, die von morgens bis abends Bäume fällen, Straßen bauen und Steine schleppen. Es ist ihre „gerechte Strafe", und sie verändert die Arbeiter tatsächlich: Aus den „stets zu Kriegs- und Beutezügen geneigten Massai" sowie „aufsässigen und faulen Negern" – den Bantu – werden unterwürfige Diener und gehorsame Untertanen, „die sich nicht so leicht wieder hervorwagen werden". „Deutsches Boma" nennen die Einheimischen die Festung, und sie heißt bis heute so. Auch die Gräber von Segebrock und Ovir finden sich bis heute an ihrem Ort – nur wenige Minuten von Angelikas Haus in Tengeru entfernt.

Obwohl es nach alledem schier unglaublich scheint: Zur gleichen Zeit entsteht eine christliche Kirche an den Hängen des Meru, und sie wächst im Lauf der Jahre weit in die Massaisteppe hinein. Menschen hören das Evangelium, kommen zum Taufunterricht, lernen die Hauptstücke des Katechismus auswendig – für die meisten der schriftlos aufgewachsenen Massai eine der leichtesten Übungen – und lassen sich taufen. Nicht, weil ein Weißer mit Prügel droht, sondern weil sich das Evangelium nicht auf Dauer verfälschen und verbiegen lässt. Immer wieder trifft es Menschen ins Herz, weckt den

Die Kirche in Arusha zur Zeit des Ersten Weltkriegs

Wunsch, anders zu denken und zu leben, dem Kreislauf aus Schuld und Strafe, aus Unterdrückung und Aufstand zu entkommen.

Letawo und Nayok gehören zu den ersten Massai, die in der noch kleinen Stadt Arusha getauft werden. Sie sind jung, noch unverheiratet, begierig, Neues zu lernen und in diese ganz andere Welt der Christen einzutauchen. Und sie sagen am Tag ihrer Taufe ihrem alten Leben für immer Ade. Nicht symbolisch, weil das Wasser der Taufe für das Sterben des alten Menschen und das Auferstehen des neuen steht, sondern tatsächlich, ganz praktisch: Sie werden ihre Eltern, ihre Geschwister, ihr ganzes Boma nie wieder sehen. Ein neues Leben beginnt. Ein Leben in der Stadt, auf der Missionsstation. Hermann Fokken, der Missionar, der sie tauft, hat ihnen vor der Taufe erklärt, warum das so sein muss:

„Ihr kennt doch den Urwald am Fuße des Meru. Die Bäume sind riesig, die Schlingpflanzen ranken sich um alles herum, am Boden gibt es kaum Licht, weil die Blätter der großen Bäume das Licht nicht bis zum Boden dringen lassen. Das Unkraut überwuchert die jungen Pflanzen, die zu schwach sind … Ihr seid solche kleinen Pflanzen am Boden des Urwalds. Wenn ihr in euren Familien bleibt, wird euer Glaube erstickt werden. Er wird keine Nahrung bekommen, weil ihm Licht und Luft fehlen. Die Nahrung, die ihr braucht, ist das Wort Gottes. Die bekommt ihr hier auf der Missionsstation. Wir halten alles von euch fort, was eurem Glauben schaden könnte. Das Massaileben ist voller Versuchungen, die junge Christen zu Fall bringen. Solange es noch keine christliche Gemeinde in der Nähe eurer Boma gibt, wohnt ihr bei uns. Das ist das Beste für euch, glaubt es mir."

Letawo und Nayok sind einverstanden. Sie haben mit der Mission bis jetzt nur gute Erfahrungen gemacht und konnten dem Wort der Missionare immer trauen. Und außerdem ist ihnen bei dem Gedanken, in ihre Boma zurückzukehren, tatsächlich äußerst mulmig zumute. Was würden ihre Familien sagen? Besonders Nayok hat Angst: Sie ist im heiratsfähigen Alter und würde sicher nach ihrer Heimkehr sofort beschnitten und mit einem Mann verheiratet werden, mit dem ihr Vater wahrscheinlich schon handelseinig geworden ist. Die Beschneidung der Jungen ist weit weniger brutal, deshalb fürchtet Letawo nicht so sehr den Akt selbst als den Hohn, der ihn als immer noch Unbeschnittenen erwarten würde. Er ist aus seiner Altersgruppe ausgebrochen, er ist ein verweichlichter Städter geworden – nur gut, dass der Spott und die Häme ihm gar nicht zu Ohren kommen.

Die beiden bleiben also gern im sicheren Schoß der Mission. Sie lernen Deutsch, sie arbeiten im Haus und in der kleinen Landwirtschaft, mit der die Missionare begonnen haben – für Gotteslohn, versteht sich. Rupien, das Geld, das die Deutschen in Anlehnung an die Währung der indischen

Händler eingeführt haben, sehen sie nie. Die „kleinen Pflänzchen" dürfen im Schutze der Mission wohnen, essen und lernen. Das muss genügen. Letawo und Nayok wohnen in getrennten Häusern, aber sie sehen sich bei den Morgen- und bei den Abendandachten. Ab und zu riskieren sie einen Blick, der etwas länger ist als der, den man sich gewöhnlich zuwirft. Wenn sie noch im Boma leben würde, wäre Nayok in ihrem Alter schon längst verheiratet. Und Letawo würde erst in einigen Jahren eine viel jüngere Frau heiraten. Aber hier bei den Europäern ist ja alles ganz anders. Bwana Fokken und seine Frau sind fast gleich alt. Nach dem, was man sich erzählt, hat er für sie keinen Brautpreis bezahlt. Er hat sie gratis bekommen, obwohl sie gar nicht schlecht aussieht. Aber wie sollen zwei Schwarze solche heiklen Dinge auf der Missionsstation für sich selbst regeln? Da gibt es noch keine Vorbilder. Kann man heiraten, wenn keine Familie da ist, die den Brautpreis oder das Erlassen eines Brautpreises aushandelt? Keine Familie, die die offizielle Erlaubnis gibt, das Fest ausrichtet und den Standort der neuen Hütte für die Braut festlegt? Ein Paar darf diese Dinge auf keinen Fall selbst in die Hand nehmen, das steht fest.

Und so sind Letawo und Nayok gar nicht böse, sondern eher erleichtert, als Bwana Fokken ihnen eines Tages erklärt, dass es wohl das Beste sei, sie würden heiraten, „denn es ist besser freien als Brunst leiden", wie der Apostel es so trefflich ausgedrückt habe. Gewisse Blicke seien keinesfalls unbeobachtet geblieben. Über das Wie sollen sie sich keine Gedanken machen, da werde ihm und seiner Frau schon etwas einfallen.

Jetzt müssen die Missionare also alles sein: Brautvater und -mutter, Mitgiftstifter und Zeremonienmeister, Klan und Dorf. Sie machen es gern, und alle freuen sich auf die erste christliche Massai-Hochzeit. Bis ein Problem auftaucht: Letawo kommt eines Abends nach der Andacht zu Bwana Fokken und bittet um ein Gespräch.

„Sie wissen, dass ich ein Massai bin. Ich meine, ein Massai war, also, jetzt bin ich ja ein Christ …", beginnt er etwas umständlich. „Und bald werde ich ein Ehemann sein, ein christlicher Ehemann, ich weiß, aber ein richtiger Ehemann, also einer, der kein Junge mehr ist …"

„Was ist das Problem, Letawo?", versucht Fokken abzukürzen. Er sitzt an seinem Schreibtisch, Letawo steht davor und tritt von einem Bein auf das andere. „Hast du Angst vor der Hochzeit? Fehlt euch noch irgendetwas fürs Fest? Habt ihr einen Wunsch?"

„Nein, ich glaube nicht, dass etwas fehlt. Es wird alles sehr gut vorbereitet …"

„Drucks nicht rum, sondern sag, was los ist. Vielleicht kann ich ja helfen."

„Ich bin nicht beschnitten!" Letawo errötet. Jetzt ist es raus.

„Das weiß ich doch. Aber dir hat es doch nie etwas ausgemacht, nicht beschnitten zu sein, dachte ich. Außerdem haben wir euch schon so oft erklärt, warum wir Christen die Beschneidung ablehnen."

„Aber Abraham, Isaak, Jakob – die waren doch auch beschnitten. Und Jesus bestimmt auch. Warum also …?"

„Weil du ein Christ bist und kein Jude oder Muselmann. Christen brauchen keine Beschneidung. Wir sind getauft und haben den Heiligen Geist empfangen. Ein anderes Zeichen brauchen wir nicht. Weißt du nicht, was der Apostel Paulus dazu geschrieben hat?"

Letawo zögert. „Doch, ich glaube … Sie haben darüber gepredigt."

„So bestehet nun in der Freiheit, zu der uns Christus befreit hat, und lasset euch nicht wiederum in das knechtische Joch fangen!' Galater 5, Vers 1, mein Junge."

„Eben. Sie sagen: ‚mein Junge', weil ich so vieles noch nicht weiß. Und für die Massai werde ich auch immer ein Junge bleiben, solange ich nicht beschnitten bin."

„Was schert dich die Meinung deiner Stammesgenossen? Bist du nicht darüber erhaben, was sie von dir denken?"

„Doch, eigentlich schon. Ich sollte es jedenfalls sein …"

„Genau. Gibt es noch ein Problem?"

„Was ist, wenn ich eines Tages kein kleines Pflänzchen mehr bin, wie Sie immer sagen? Wenn ich ein erwachsener Christ bin, der gefestigt genug ist, um zu seinen Leuten ins Boma zurückzugehen und ihnen das Evangelium zu sagen? Sie werden mir niemals zuhören, sie werden mich nie ernst nehmen. Sie werden mich einfach auslachen. Nur weil ich nicht beschnitten bin."

Fokken lehnt sich in seinem Stuhl zurück, die Stirn in Falten. Irgendwann würde dieses Thema nicht mehr zu umgehen sein. Das hat er geahnt. Jetzt ist es also dran. Und er muss eine Lösung finden, für die er kein biblisches Vorbild kennt.

„Die Beschneidung an sich ist nichts Schlechtes. Da hast du recht, Letawo. – Setz dich! Wir sprechen also wie Männer und Brüder miteinander. – Wenn sie schlecht wäre, hätte Gott sie dem Volk Israel ja nicht geboten. Aber die Beschneidung, wie die Massai sie durchführen, ist etwas anderes als die Beschneidung im Alten Testament. Ist dir überhaupt klar, wie schrecklich die Bräuche sind, die dazugehören? Da wird getanzt und getrunken. Da wird geheimes Wissen weitergegeben, Zaubersprüche vielleicht oder Hexenwerk. Die jungen Männer fallen in Trance, sie lallen, und was weiß ich, was sie alles Schändliches tun. Man hat mir erzählt, es gibt ein Zeichen, das auf ihre Stirn gemalt wird und das sie vor dem bösen Blick schützen soll – Teufelskram und Aberglaube! Dazu die anzüglichen Lieder, die groben Scherze, von den Schmerzen mal ganz abgesehen. Nicht einmal mit der Wimper zucken darfst du, sonst wirst du für den Rest deines Lebens von ihnen verachtet. Sei froh, dass dir das alles erspart bleibt!"

„Ich bin ja auch froh. Aber woher sollen meine Leute, ich meine: die, die früher meine Leute waren, dann wissen, dass ich ein ganzer Mann bin, keine Memme, kein Mzungu-Söhnchen?"

Fokken atmet tief durch und schüttelt langsam den Kopf.

„Ich weiß es auch nicht. Aber ich werde darüber nachdenken, nur nicht mehr heute. Sag mir aber noch eins: Warum willst du so kurz vor deiner Hochzeit mit mir darüber reden? Ihr wollt uns doch nicht verlassen und in eure Heimat ziehen, hoffe ich!"

„Nein, nein. Daran denken wir nicht. Aber ich … Also, ich fände es irgendwie nicht richtig zu heiraten, ohne ein richtiger Mann zu sein. Obwohl ich ja weiß …"

„Ich weiß, was du weißt. Oder eigentlich wissen müsstest. Aber da geht es wohl gar nicht um Wissen. Lass uns morgen noch einmal miteinander reden. Und jetzt gute Nacht, Letawo! Schlaf gut, und lass dir von deinen Sorgen nicht die Vorfreude auf die Hochzeit verderben!"

Ein äußerst merkwürdiges Fest findet wenige Tage später auf dem Missionsgelände statt. Die Hochzeit von Letawo und Nayok? Nein, die soll erst später gefeiert werden. Ein Beschneidungsfest, und zwar eins nach Bantu-Art! Drei kleine chirurgische Schnitte, eine schnelle Versorgung der Wunde – Herzlichen Glückwunsch! Keine Gesänge, keine Tänze, keine Beschwörungen. Niemand soll Fokken vorwerfen können, er habe dem Heidentum auch nur den kleinen Finger gereicht.

Was ihm die Gewissheit gegeben hat, das Richtige zu tun, ist ein Vers, auf den er gestoßen ist, während er schlaflos nachts in seiner Bibel blätterte: „Beschnitten sein ist nichts, und unbeschnitten sein ist nichts, sondern Gottes Gebote halten." Auch das ist von Paulus, und es steht nur ein paar Verse vor dem praktischen Rat zum Heiraten.

Nicht nur Letawo wird an diesem Tag beschnitten. Alle Jungen, die am Taufunterricht teilnehmen, unterziehen sich der kleinen Operation. Kurz und beinahe schmerzlos – echte Massai können darüber wohl bestenfalls nachsichtig lächeln. Aber für Fokken ist es ein Kompromiss, mit dem er leben kann. Und für Letawo der Beginn seines Lebens als erwachsener, ernst zu nehmender schwarzer Christ.

Letawo ist dreißig Jahre alt, als die Deutschen gehen und die Engländer kommen. General von Lettow-Vorbeck sieht zwar überhaupt nicht ein, warum er mit seinen Truppen abziehen soll, schließlich hat er sich in „seinem" Land keinesfalls geschlagen gegeben. Und was kann er dafür, dass die Deutschen in Europa so viel schlechter gekämpft haben als in Afrika? Aber das Deutsche Reich verliert alle Kolonien und hört sogar auf, das Deutsche Reich zu sein. Da gibt es nichts zu diskutieren. Lettow-Vorbeck gibt zwar erst auf, als Kaiser Wilhelm schon seit zwei Wochen gar nicht mehr Kaiser ist. Aber eines Tages legt auch sein Dampfer im Hafen von Daressalam Richtung Hamburg ab.

Für Letawo und Nayok ändert sich vor allem eins: die Sprache der Kolonisatoren. Auch wenn die deutschen Missionare bleiben, das Land wird englischsprachig, und in der jetzt schon sechsköpfigen Familie hört man auf, miteinander Deutsch zu sprechen. Das wirkt für eine schwarze Familie nun doch irgendwie seltsam. Stattdessen lernen die Kinder in der Schule Englisch, und sie bekommen, ganz nach britischem

Vorbild, eine Schuluniform. Von jetzt an wird Krawatte getragen, und die schwarzen Schuhe müssen immer blitzsauber sein. Letawo, immer noch lerneifrig und für alles Neue aufgeschlossen, kann bald so gut Englisch, dass er einen Posten bei der englischen Kolonialverwaltung angeboten bekommt. Als „Chief's Clerk" kann er seiner Familie alles bieten, was Stadtmenschen im aufstrebenden Arusha brauchen, auch ein eigenes Haus.

Sein ältester Sohn heißt wie er: Letawo. Er ist schon als Säugling getauft worden. Von einer möglichen Beschneidung war nie die Rede. Er weiß, dass er Massai ist, aber das ist für ihn nur eine Herkunftsbezeichnung und hat nichts mit seinem praktischen Leben zu tun. Seine Eltern sind in erster Linie strenge Lutheraner, und so wird er auch erzogen. „Ein feste Burg ist unser Gott" kannte er schon als kleiner Junge. Auch „Geh aus, mein Herz, und suche Freud". Und Luthers Kleinen Katechismus kennt er in- und auswendig. Ein Massai-Boma in der Steppe hat er dagegen noch nie betreten. Das möchte er auch gar nicht, denn die Steppenbewohner sind in den Augen der Arusha-Massai Heiden und Zauberer, von denen man sich besser fernhält. Auch der junge Letawo heiratet eine Massai, aber natürlich eine lutherische Massai aus der Stadt. Immerhin entspricht es wenigstens ein wenig der Tradition seines Volkes, dass sie zehn Jahre jünger ist als er.

Letawo und seiner Frau ist ein langes Leben beschieden, und sie bekommen sieben Kinder. Die ersten fünf werden noch als „Eingeborene" von Tanganjika und Untertanen der englischen Krone geboren. Die letzten beiden sind bereits von Geburt an Bürger des unabhängigen Staates Tansania. Und auch in der Familie Letawo – der Vorname des Vaters dient in den neuen Papieren als Familienname – ändert sich im Lauf der langen Jahre so manches. Die traditionelle Massai-Kultur betrachtet man immer noch aus kritischer Distanz, wenn nicht mit Verachtung. Niemals würde man sich zum Beispiel große Ohrlöcher bohren lassen oder mit einem üppigen Perlenhalsband schmücken. Aber als Naomi, die Zweitjüngste, vierzehn Jahre alt ist, finden die Eltern, dass die strenge lutherische Haltung, die die Beschneidung von Mädchen kompromisslos ablehnt, doch ein bisschen weltfremd ist. Das Paar ist in manchen Sachen altersmilde geworden. Keiner der beiden hat die Energie, weiterhin gegen das anzukämpfen, was selbst in der Stadt gang und gäbe ist. Ein unbeschnittenes Mädchen spricht nicht bei Tisch, heißt so eine Regel, die auch im modernen Tansania gilt. Es ist ein Kind und hält den Mund, ganz unabhängig von seinem Alter. Kein Wunder, dass jedes Mädchen dem Tag seiner Beschneidung entgegenfiebert! Endlich groß sein, endlich dazugehören!

Als es für Naomi so weit ist, schickt ihre Mutter sie an einem Morgen vor Sonnenaufgang die fünf Kilometer quer durch Arusha zur Beschneiderin.

„Heute ist dein großer Tag, Naomi! Gott beschütze dich!", sagt sie und steckt ihr das Geld zu, das die „weise Frau" für ihre Dienste bekommt. Und Naomi geht los. Ein wenig bang, aber auch voller Erwartung. Die Beschneiderin begrüßt sie in ihrem Haus, und dann geht alles schneller, als Naomi es fassen kann. Die Frau ist ein Profi, arbeitet zügig und diskret, nicht vor Publikum wie die alten Frauen im Boma. Doch auch ihre Methoden sind kaum anders als die auf dem Land. Die Rasierklinge ersetzt das Skalpell, und auf eine Betäubung wird verzichtet. Kaum ist Naomi in der Lage, sich vom Boden zu erheben, verlangt die Beschneiderin ihren Lohn und schickt das frisch operierte Mädchen wieder nach Hause. Zu Fuß, versteht sich.

„Keiner muss sehen, was mit dir los ist. Das gehört sich

nicht. Geh einfach ganz normal, so wie du hierher gekommen bist." Das ist der einzige Rat für den Rückweg. Doch Naomi kann vor Schmerzen kaum laufen. Der Weg zieht sich endlos hin, und als das weinende und zitternde Mädchen vor Sonnenuntergang endlich sein Zuhause erreicht, setzen starke Blutungen ein. Wenn Naomi in der Steppe leben würde, wäre das wohl ihr Todesurteil. Aber jetzt hält es ihr Vater nicht mit der Tradition, sondern reagiert wie ein moderner Tansanier: Er nimmt seine Tochter und bringt sie ins Krankenhaus. Dort kennt man solche Fälle und handelt routiniert: Die Wunde wird desinfiziert, genäht und verbunden. Und dann muss Naomi drei Wochen lang das Bett hüten. Und drei Monate lang das Haus. Nicht weil sie so lange krank wäre, sondern weil auch das Tradition ist. Den Lehrern braucht man es gar nicht zu erklären. Jedes Mädchen fehlt irgendwann für drei Monate in der Schule, das ist einfach so.

Eine Straßenszene in Arusha

„Zeig bloß nicht, dass es dir schon wieder gut geht, Naomi", rät ihr eine ihrer älteren Schwestern, als der erste Monat vorbei ist. „Sonst brummt Mama dir gleich wieder Pflichten auf. Genieße lieber die Schonfrist, und jammere ruhig ab und zu ein bisschen!"

Aber Naomi langweilt sich. Sie geht gerne zur Schule und ist eine gute Schülerin. Und auch wenn sie jetzt beschnitten ist – sie will auf keinen Fall in nächster Zeit heiraten. Komme, wer will, die Secondary School geht vor. Und dann noch eine Ausbildung am Lehrerseminar, am besten mit einem Zusatzkurs für die Vorschule. Denn Lehrerin zu werden, das ist Naomis Traum. Heiraten und Kinder kriegen kann sie immer noch. In der Stadt wird sich ja wohl jemand finden, der auch mit einem nicht mehr ganz so jungen Mädchen vorliebnimmt.

Tatsächlich kann Naomi ihre Heirat hinausschieben, bis sie zwanzig Jahre alt ist. Dann ist sie Lehrerin und heiratet einen Massai, der bei der tansanischen Armee dient. Es ist eine Berufsarmee, und Naomis Mann wird mal hierhin, mal dorthin versetzt. Aber das ist nicht das Schwierigste an ihrer Ehe. Die meisten Konflikte entstehen im Zusammenleben mit den Schwiegereltern. Die waren von Anfang an strikt gegen die Heirat ihres Sohnes mit dieser nicht mehr ganz jungen und viel zu intellektuellen Frau. Und jetzt muss Naomi mit ihnen unter einem Dach leben, während ihr Mann irgendwo an der Küste Dienst tut und nur ab und zu Urlaub in Arusha macht. Sie bekommt erst eine Tochter, dann einen Sohn, dann wieder eine Tochter, aber das kann am Urteil ihres Schwiegervaters nichts ändern. Sie ist und bleibt die falsche Frau für seinen Sohn. Und der hört auf seinen Vater, ehrt ihn auf unterwürfige Art, entscheidet nichts ohne dessen Rat. Und glaubt schließlich, was sein Vater ihm einflüstert: Naomi ist verhext.

Es liegt ein Fluch auf ihr. – Deshalb ist ihr Schwiegervater geschäftlich so erfolglos! Und jetzt erklären sich auch einige seltsame Krankheiten …!

Naomi steht vor einer Wand aus Ablehnung. Ihr Mann hat sich mit dem Schwiegervater gegen sie verbündet. Was soll sie tun? Ihr jüngstes Kind ist noch ein Baby. Wenn sie eine gute Mutter wäre, die der Tradition gehorcht, dann würde sie jetzt noch im Bett liegen. Das hat sie aber nur beim ersten Kind gemacht: drei Monate im Halbdunkel, keine Haushaltspflichten, aber auch keine Abwechslung. Wenig Besuch, Tag und Nacht nur das Kind an ihrer Seite – manchmal glaubte Naomi, sie müsse vor Langeweile sterben. Und als sie endlich aufstehen und das Haus wieder verlassen durfte, war sie so schwach, dass sie es kaum bis zur Zisterne im Garten schaffte. Es dauerte Wochen, bis ihr Kreislauf wieder belastbar und ihre Muskeln trainiert waren. Schon beim zweiten Kind hat Naomi kräftig geschummelt, sobald die Schwiegermutter nicht guckte. Und jetzt, bei der Jüngsten, macht sie keinen Hehl mehr daraus, dass sie diese Regel für unsinnig hält. Und nicht nur das: Naomi verlässt nicht nur das Bett, kocht, wäscht und versorgt ihre größeren Kinder selbst. Eines Tages nimmt sie die Kleine, verlässt das Haus und trifft sich mit ihrem Mann im Gerichtsgebäude. Er reicht die Scheidung ein, denn nur wenn der Mann die Scheidung einreicht, können die Kinder bei der Mutter bleiben. Aber die Scheidung ist auch Naomis Wille, und sie sagt es dem Beamten ganz offen. Der kann es nicht glauben und fragt zweimal nach: „Sie sind sich ganz sicher?" Nach dem zweiten „Ja!" legt er die Stirn in tiefe Falten, räuspert sich vernehmlich und beginnt das mehrseitige Formular auszufüllen.

Bald darauf ist Naomi alleinerziehende Mutter von drei Kindern. Und das in einem Land ohne Krankenversicherung,

Sozialhilfe oder ein funktionierendes Rentensystem. Von Unterhaltszahlungen ganz zu schweigen. Sie weiß, dass sie einen schweren Weg gewählt hat. Sie weiß, dass sie nicht verflucht ist und sich von Beschuldigungen fernhalten muss. Sie weiß, dass sie gesegnet ist, und sie dankt Gott für das, was sie hat und was sie kann. Sie hat drei gesunde Kinder. Sie hat eine Ausbildung. Sie gehört zu einer Kirche, die ihr Rückhalt gibt. Und sie hat vor Kurzem eine Frau kennengelernt, die ihre Situation versteht und die ihr vielleicht bald helfen könnte. Bei der Beerdigung eines Evangelisten hat sie Sister Angelika getroffen. Sie haben sich gleich nach dem Gottesdienst darauf geeinigt, die Witwe und die Kinder des Verstorbenen in Zukunft gemeinsam zu betreuen. Vom ersten Moment an hat die „Chemie" zwischen den beiden Frauen gestimmt. Wie gut es tut, mit jemandem zu reden, der nicht die Augen verdreht, wenn das Wort Scheidung fällt, und der daran glaubt, dass man es als Frau allein schaffen kann.

Der erste Schritt dürfte gleich der schwierigste sein: Mit der Scheidung verlieren Naomi und die Kinder ihr Zuhause. Es gibt noch das Haus ihrer Eltern, die vor Kurzem gestorben sind. Aber Naomi ist eine Frau und deshalb nicht erbberechtigt. Einer ihrer Brüder hat bereits mit dem Umbau des Hauses begonnen. Damit ist es für sie verloren. Sie wird sich also ein eigenes Zuhause schaffen müssen, eine Anstellung suchen, für die Kinderbetreuung sorgen … Manchmal bekommt Naomi Angst, aber sie geht Schritt für Schritt.

Es sind Naomi und Kira, die vor dem großen Fest in Malambo die Rosengestecke herstellen.

Eine ganze Reihe ist schon fertig und steht auf der Balustrade.

„Sieht das nicht wunderbar aus?", fragt Naomi. „Etwas zu

Naomi heute

gestalten, richtig schön zu machen, das mag ich. Ich versuche
es auch zu Hause. Aber du kannst dir vorstellen, dass das in
Afrika nicht leicht ist."

„Wohnst du denn jetzt allein zu Hause? Deine Kinder sind
doch bestimmt schon groß." Fast eine Stunde lang hat Naomi
beim Blumenstecken der jungen Deutschen ihre Lebensgeschichte erzählt.

„Ja, meine eigenen Kinder sind groß, nur die Jüngste geht
noch zur Schule. Aber allein bin ich so gut wie nie. Ich habe
mir, nachdem klar war, dass ich nichts erbe, ein eigenes Haus
gebaut, direkt neben meinem Elternhaus. Und immer ist es
voller Leute." Naomi lacht. „Das ist in Afrika normal. Aber
eins ist nicht normal: Ich habe ein eigenes Zimmer. Einen
Raum nur für mich, und den habe ich in all den Jahren immer
verteidigt. In den anderen zwei Räumen wohnen meine jüngste Tochter und die drei Mädchen, die ich aufgenommen habe."

„Drei Mädchen?"

„Ja, ein Massaimädchen habe ich geschenkt bekommen. Das hört sich für dich vielleicht verrückt an. Aber hier kommt es vor, dass eine Mutter ihr Kind verschenkt, weil sie es nicht ernähren kann. Und weil sie wusste, dass ich eine Massai bin, wollte diese Frau, dass ihre Tochter bei mir bleibt. Ich könnte das Kind mit dem, was ich verdiene, auch nicht ernähren, aber die Sister hat Paten für sie gefunden. Jetzt lebt sie bei uns, aber nicht aus meinem Portemonnaie. Mit den beiden anderen Mädchen ist es genauso: Die beiden sind Geschwister. Die Mutter ist eine Prostituierte aus Arusha, der Vater ist Inder. Sie würden auf der Straße leben und wären vielleicht schon selbst Prostituierte, wenn wir sie nicht aufgenommen und mit Hilfe von ‚Help for the Massai' bis jetzt durchgebracht hätten."

„Oh wei." Kira seufzt. Was für Lebensgeschichten! „Und Aids? Also, ehrlich gesagt, ich hätte ja Angst, dass bei einer Mutter, die …"

Naomi lässt sie nicht zu Ende sprechen. „Genau. Und weil dieses Thema so wichtig ist, reise ich in den Schulferien durchs Land und biete Aufklärungsseminare für Mädchen an. Da reden wir über Verhütung, über Aids, über alles, was hier gern verschwiegen wird. Die Mädchen kommen freiwillig, es gehört nicht zum Schulprogramm. Aber selbst die, die kommen, sind nicht unbedingt von Anfang an aufgeschlossen. Es gibt viele Tabus in unserer Gesellschaft."

„Darf ich mal fragen … Vielleicht ist es etwas indiskret …" Kira ist vorsichtig.

„Nur zu!"

„Warum hast du nicht noch einmal geheiratet? Du warst doch erst 28, als ihr geschieden wurdet."

„Ich wollte keine Kinder mehr."

Kira stutzt. „Na ja, man kann ja auch heiraten, ohne gleich Kinder zu bekommen …"

„Bei euch vielleicht. Bei uns ganz sicher nicht. Verheiratet sein und Kinder bekommen, das ist ein und dasselbe." Naomi schüttelt lächelnd den Kopf. „Ich glaube nicht, dass ich irgendwo in Tansania einen Mann gefunden hätte, der mich ‚nur' geheiratet hätte. Und, ehrlich gesagt, ich bin ja überhaupt nicht unglücklich mit meinem Leben, so, wie es ist. Ich habe einen Beruf, der mir Freude macht und sinnvoll ist: Ich sorge dafür, dass es in allen Kindergärten der lutherischen Diözese Arusha so läuft, wie es laufen soll. Ich versuche es jedenfalls. Das ist keine kleine Aufgabe. Manchmal lassen sich die Dinge vom Büro in Arusha aus regeln, manchmal reise ich in die einzelnen Orte. Dazu die Aufklärungsseminare, meine Mädchen, der Haushalt … Sag mir mal, wo ich da noch einen Mann unterbringen soll!"

Kira guckt etwas verblüfft.

„Ein Mann macht nämlich sehr viel Arbeit!", ergänzt Naomi und lacht. Dann nimmt sie ein Rosengesteck, betrachtet es zufrieden und sagt noch einmal: „Ist es nicht wunderbar?"

9
Jetzt geht's los!

Ein großer Festtag kann nicht früh genug beginnen. Am Nachmittag gegen 16 Uhr soll es das Festessen geben, aber Malambos Frauen sammeln sich bereits um vier Uhr morgens auf einem Platz in der Nähe der neuen Schule. Es ist noch dunkel, aber bald schon haben sie die Feuer entzündet, auf denen sie heute kochen wollen. Nah am Feuer wird die „Küche" hell. Die Sufuria, übergroße Töpfe, stehen schon seit dem Abend bereit, um auf die Glut gehoben zu werden, sobald die Flammen nicht mehr hochschlagen.

Ein großer Sack Knoblauch, den die Sister aus Arusha mitgebracht hat, wird ausgeschüttet, und Sophia, die Frau mit den Schlüsseln, macht sich zusammen mit einer Freundin unverzagt ans Schälen und Zerkleinern.

Zwei Männer schleppen mehrere Reissäcke herbei. Das wird einen Schmaus geben! Ugali ist alltäglich, Reis ist etwas Besonderes. Und Reis in diesen Mengen hat man in Malambo überhaupt noch nie gesehen.

Eine Gruppe von Frauen hockt sich zum Schälen der Kochbananen in der Nähe eines Feuers zusammen. Die kleinen grünen Früchte sind hart und die Schale lässt sich nur schwer abziehen. Bevor die Bananen in den Topf kommen, müssen sie, ähnlich wie Möhren, noch geschrubbt werden. Das alles geschieht nicht morgendlich-leise oder gar verschlafen, sondern bei regem Gespräch, bei Rufen und Lachen.

Die Dämmerung dauert in der Nähe des Äquators nur kurz, und schon lassen die ersten Sonnenstrahlen die Wellblechwände funkeln. An drei Seiten begrenzen sie den Kochplatz, und einige Meter weiter markiert eine weitere, noch höhere Wellblechwand, wo am Nachmittag Steppe und wo „Festsaal" sein wird.

„Nein! Wie sieht das denn aus!?", hat Angelika gestern bei der Ankunft auf dem Gelände entsetzt gerufen. „Das Blechzeugs verschandelt ja das ganze Gelände! So kann das nicht bleiben. Ich rede mit den Leuten."

Aber nach einem kurzen Gespräch mit dem Festkomitee war klar: Die Wände bleiben stehen. Wellblech ist ein Zeichen von Reichtum. Es schmückt das Dorf und zeigt, dass seine Bewohner keine armen Schlucker sind, sondern moderne Tansanier, die sich eine aufwendige Gestaltung ihres Festplatzes leisten können. Oh, Entschuldigung! Auch eine Sister kann sich irren.

Schon um fünf Uhr ist auch der Jäger aufgebrochen. Angelika hat nämlich doch noch jemanden gefunden, der einen gültigen Jagdschein besitzt. Der junge Mann ist außen weiß und innen schwarz: ein Missionarskind, das in Afrika geboren ist und nie in Europa gelebt hat. Als er acht Jahre alt war, hat Markus begonnen, mit seinem Vater auf die Jagd zu gehen und auch selbst zu schießen. Jetzt ist er im Geländewagen unterwegs, begleitet von der Botschaftsangehörigen, die weder das frühe Aufstehen noch den Anblick des erlegten Wildes scheut. Die beiden müssen weit fahren, bis sie den „Braten" sehen, der ihnen genau der Richtige zu sein scheint: ein kräftiges Impala-Männchen, eine Schwarzfersenantilope, sicher mehr als einen Zentner schwer. Das schöne Tier zeigt sich für einen Moment zu unbesorgt, bleibt stehen und wittert, statt die Flucht zu ergreifen. Zwei Schüsse aus dem Wagenfenster, dann liegt es auf dem dürren Boden der Savanne. Der Jäger springt aus dem Auto. Ja, es ist bereits tot. Einen kurzen Moment rührt ihn der Anblick: Selbst im Tod sieht dieses Tier noch erhaben, irgendwie königlich aus. Dennoch wäre eine Gedenkminute schon zu lang. Schließlich gibt es hier nicht nur menschliche, sondern auch tierische Interessenten für einen Festtagsbraten. Also, Heckklappe auf, Vorderläufe gepackt und dann mit Hauruck in den Kofferraum.

Los geht's. Nein, da kommen noch zwei Massai. Immer wieder ist es erstaunlich, wie plötzlich Bewerber für eine Mitfahrgelegenheit aus dem Nichts auftauchen können.

„Nach Malambo?"

„Ja, aber wir haben leider keinen Platz mehr. Hinten liegt eine Impala."

„Macht nichts. Dürfen wir uns draufsetzen?"

„Na, wenn ihr meint …"

Der Sitz ist weich und warm. Nur sickert leider das Blut in die Sandalen. Aber das ist ein geringer Preis für das großartige Gefühl, zum Fest in Malambo mit dem Wagen vorzufahren.

Einige Meter vom Kochplatz entfernt und dank Wellblech vor den Augen der Frauen geschützt, haben die Männer von Malambo inzwischen den Schlachtplatz eingerichtet. Traditionell wird das Vieh auf großen Blättern geschlachtet und zerlegt. Aber heute, an dem Tag, der zeigen wird, dass Malambo auf der Höhe der Zeit ist und eine eigene englischsprachige Schule bekommt, scheinen den Männern Blätter irgendwie altmodisch zu sein. Bevor die erste Ziege ihrem Schicksal entgegengeführt wird, breiten sie deshalb eine Plastikplane auf dem sandigen Boden aus. Dann legen zwei von ihnen das Tier mit einer schnellen Bewegung auf die Seite. Ein Dritter sitzt in der Hocke vor der Plane und hat das Messer, das er immer am Gürtel trägt, bereits gezückt. Ein kurzer, tiefer Schnitt, und das Blut schießt aus der Kehle. Noch zucken die Beine, aber nach einem zweiten Schnitt, der das Rückenmark durchtrennt, liegt das Tier bewegungslos da. Über die Geschicklichkeit des „Metzgers" können die zwei Wazungu, die sich an den Schlachtplatz getraut haben und das Geschehen beobachten, nur staunen. Nur noch einmal benutzt er sein Buschmesser, um den Bauch der Ziege aufzuschlitzen. Alles Weitere erledigt er mit bloßen Händen. Während seine Linke das Fell spannt, führt er mit der geschlossenen Rechten kleine, kräftige Faustschläge aus, die die Haut des Tieres vom Fleisch

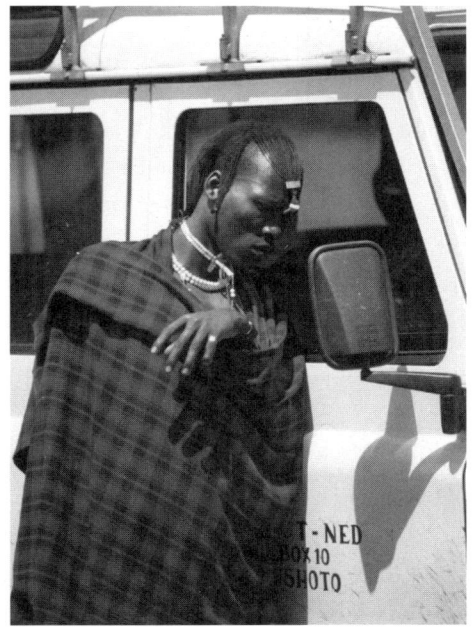

*Schön genug
fürs Fest?*

trennen. Kopf und Beine kommen so, wie sie sind, mit Hufen und Haaren, in einen Topf, um ausgekocht zu werden. Auch die Eingeweide landen dort, selbst der Darm, der mit wenigen Handbewegungen einigermaßen leergestrichen wird. Nur die Gallenblase wirft der Krieger in hohem Bogen hinter sich. Sie soll niemandem das Festessen vergällen. Das losgelöste Fleisch reichen Helfer an zwei ältere Männer weiter, die einige Meter entfernt auf Hockern sitzen und ihre Messer schon gewetzt haben. Während sie die Fleischbrocken fachmännisch zerteilen und dann an die Frauen weitergeben, führt ein junger Krieger schon die nächste Ziege zum Schlachtplatz. Sage keiner, Afrikaner verstünden nichts von Workflow-Management.

Die zweite Ziege, der es jetzt an den Kragen gehen soll, benimmt sich nicht wie eine meckernde, störrische Ziege, die eigentlich noch viel vorhatte, sondern wie ein Schaf, das klaglos zur Schlachtbank geführt wird. Matt sinkt sie auf die Plastikplane, ihre Vorderläufe knicken ein, noch bevor die Männer sie überhaupt richtig gepackt haben. Sie zittert, aber sie wehrt sich nicht. Die Männer stutzen. Was ist mit dem Tier los? Ist es krank? Dann darf man es nicht schlachten und essen.

„Ruft den Laiboni!", sagt einer. „Er soll entscheiden, was mit der Ziege geschehen soll."

Es dauert keine fünf Minuten, dann ist der Laiboni zur Stelle. Die Wazungu hatten das Erscheinen eines traditionell gekleideten und womöglich reich geschmückten Massai erwartet. Aber der Mann, der die Ziege jetzt untersucht, trägt eine Jeans und hat eine Baseball-Kappe auf dem Kopf. Hier ist er offensichtlich nicht Heiler, Zauberer und Deuter geheimer Zeichen, sondern tiermedizinischer Sachverständiger. Und in dieser Rolle entscheidet er kurz und knapp: „Sie ist gesund, ihr könnt sie schlachten."

Mehr als dreißig Ziegen werden an diesem Morgen geschlachtet und weiterverarbeitet. Große Töpfe füllen sich mit einem Eintopf, der vom Blut schwarz gefärbt ist, und über kleinen Feuern brutzeln die besten Fleischstücke, bis sie scharf geröstet sind. Bei dieser „Fließbandarbeit" ist nur eine Gruppe nicht zu sehen: die jungen, noch unverheirateten Krieger. Schlachten, während eine Mzungu-Frau zuschaut? Die Kehle durchtrennen, statt das Tier zu ersticken? Das Fleisch zur Zubereitung den Frauen aus dem Dorf überlassen? Und dann womöglich am Nachmittag noch mit ihnen gemeinsam essen? Nein, danke! Das ist nichts für junge Massai, die gerade erst lernen, die Tradition hochzuhalten. Ein Gräuel für junge, stolze Krieger, die die Gesetze ihres Volkes ehren und die Trennung von Männer- und Frauenwelt geradezu zelebrieren. Aber auch sie werden heute nicht hungern. Zwei, drei Ziegen lassen sich bestimmt abzweigen und ein bisschen abseits im Busch nach alter Väter Sitte schlachten und rösten. Dann ist man auch sicher, dass die Frauen einem nicht die besten Stücke wegschnappen. Ein junger Krieger isst nie allein, und er isst nie mit einer Frau. So viel Anstand muss sein, auch an einem Tag wie diesem.

Die Wazungu sind inzwischen aus ihren Zelten gekrochen und machen sich rund um Angelikas Haus und das Lehrerhaus so schick, wie die Umstände es zulassen. Wie schaffen es die Afrikaner bloß, weit entfernt von Bügeleisen und Schminkspiegel immer picobello und adrett aufzutreten, sobald es etwas zu feiern gibt? Die Weißen wirken neben ihnen nicht nur blass, sondern auch ziemlich zerknittert. Und selbst wenn es jemandem gelungen ist, vom Kopf bis zu den Knöcheln dem hohen Feiertag angemessen dazustehen – die rustikalen Amphibiensandalen machen den gediegenen Eindruck zunichte. Aber man muss den Blick ja nicht senken. Kopf hoch –

dort hinten sammeln sich schon die Schulkinder. Grün-weiß ist ihre Schuluniform, dazu tragen sie geschlossene, skorpionsichere Schuhe, die einheitlich steppenfarben eingestaubt sind. In Zweierreihen stellen sie sich jetzt auf, und dann wird in Richtung auf Angelikas Haus losmarschiert, um die Gäste in einer Art Polonaise abzuholen. Recht martialisch klingt ihr Gesang von den „Soldiers in the army of the Lord", aber es lässt sich prima dazu marschieren. Als der Zug die Gäste erreicht hat, reihen alle sich ein und ziehen gemeinsam mit den Kindern zur Schule. Seit gestern Abend sind noch allerhand Besucher dazugekommen: evangelische und katholische Pfarrer der Nachbargemeinden, der stellvertretende Verwaltungschef des Ngorongoro Districts mit seinem Gefolge – ein langer Zug, und mittendrin Angelika, halb europäisch und halb massaimäßig feingemacht, in ihrem blauen Kleid, das für alle offiziellen Anlässe herhalten muss, und reich behängt mit Perlenschmuck und einem Perlenkreuz.

Es ist warm geworden, aber noch nicht heiß. Ein sanfter Wind kühlt die Herren, die auch in der Steppe auf einen Dreiteiler nicht verzichten wollten, und bedeckt alle und alles nach und nach mit einem feinen rot-gelben Staub. Die Schulkinder haben Schilder gemalt und an Holzlatten befestigt. Die werden im Zug hoch gehalten und im Rhythmus des Gesangs geschwenkt. „Bildung ist unser Erbe" ist darauf zu lesen, und „Wir wollen nicht ungebildet bleiben".

An der Schule stoppt der Zug. Die Kinder nehmen mit dem Gesicht zur Eingangstüre neu Formation an, und die Gäste mischen sich unter die vielen Massai, die aus der Umgebung gekommen sind und hier gewartet haben.

Nach einem Lied der Kinder und der Begrüßung der Gäste durch einen Vertreter von „Help for the Massai", dem Verein, der Angelikas Arbeit trägt, soll der Bischof von

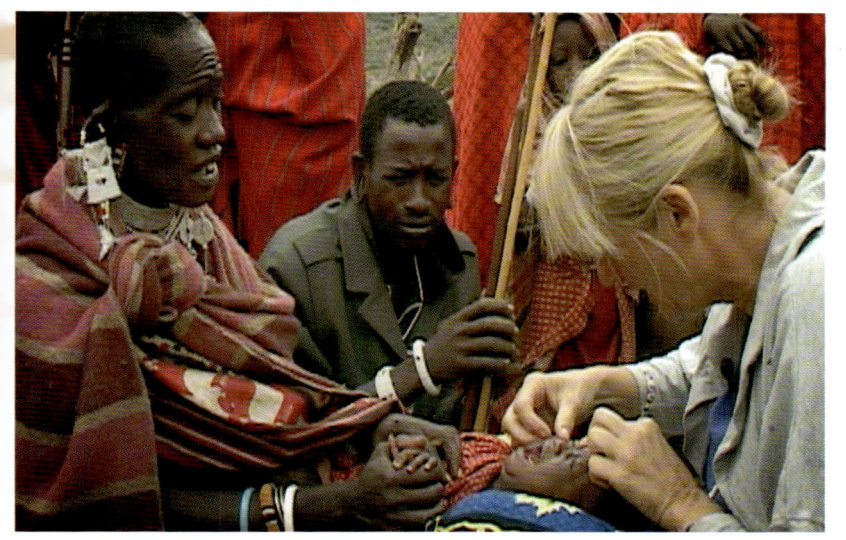

„Augenklinik"

Das Schulgebäude in Malambo

Singend geht es zur neuen Schule

Angelika begrüßt den Botschafter und seine Frau

Der Bischof von Arusha bei der Eröffnungsrede

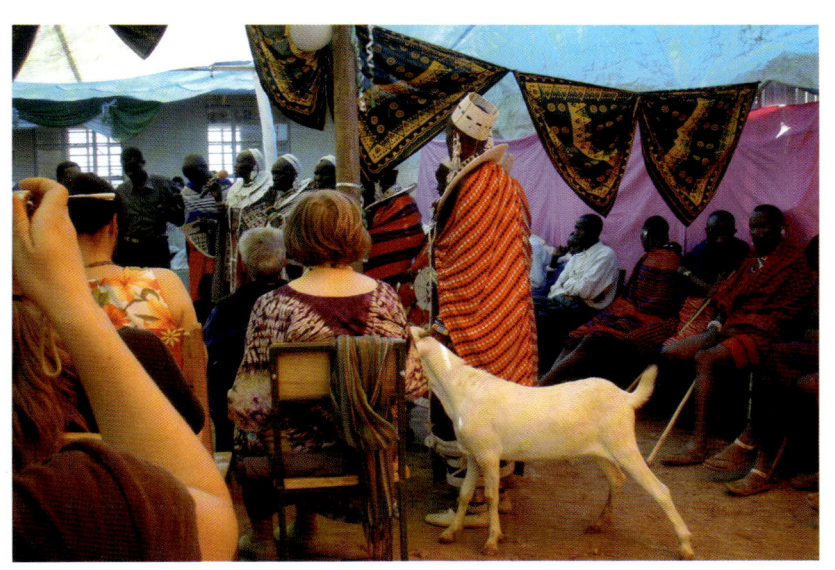

Im Festzelt

Die Krieger kommen zum Tanz … *und springen um die Wette*

Das Fest ist vorbei – der Alltag beginnt

Arusha feierlich die Tafel enthüllen, die neben der Eingangstür hängt und auf der der Name der Schule prangt. Sein rotes, mit Pailletten verziertes Gewand, das große Kreuz auf seiner Brust und der Stab aus Ebenholz, den er wie ein Zepter in der Hand hält, weisen ihn als einen Mann aus, der es mit den ehrwürdigsten Alten des Dorfs aufnehmen kann. Doch das, was er jetzt sagt, bevor er das weiße Laken von der Tafel zieht, ist keinesfalls gediegen-langweilig-immerwahr, sondern eine gepfefferte Rede, der alle gespannt lauschen.

„Hört mir zu!", ruft er in die Menge. „Ihr könnt sehr froh sein, das ihr diese Schule bekommt! Sister Angelika hätte genauso gut in Arusha bleiben und ein Safari-Unternehmen für Wazungu gründen können. Stattdessen ist sie zu euch in die Steppe gekommen. Seit Jahren schon unterstützt sie euch, und jetzt haben sie und ihre Freunde sogar diese Schule gebaut. Aber es ist dennoch nicht ihre Schule. Es ist eure Schule! Merkt euch das. Sie gehört euch allen, dem ganzen Dorf. Und deshalb seid ihr gemeinsam verantwortlich: Wenn einer etwas aus der Schule stiehlt, dann deckt ihn nicht, sondern zeigt ihn an. Sorgt dafür, dass die Schule ihr Eigentum wiederbekommt."

Ein Raunen geht durch die Menge. Hier spricht kein lieber Onkel, sondern ein strenger Vater, der seine Pappenheimer kennt.

„Ihr Eltern", fährt er fort, „unterstützt eure Kinder! Zu einer guten Schule gehören nicht nur gute Lehrer, sondern auch Eltern, die mit den Lehrern an einem Strang ziehen. Und ihr Lehrer: Bleibt bei den Kindern! Der schöne Klassenraum allein erzieht die Kinder nicht."

Die Wazungu schauen sich an: Was will er damit sagen?

Während das Gesagte von Kisuaheli in Kimassai übersetzt wird, erklärt Jutta flüsternd: „In den staatlichen Schulen lassen die Lehrer die Kinder oft allein im Klassenraum. Sie haben keine Lust, sich mit hundert Kindern herumzuschlagen und halten lieber im Lehrerzimmer Schwätzchen."

„Ihr Krieger!", ruft der Bischof jetzt. „Die Lehrerinnen sind nicht hierher gekommen, um zu heiraten. Wenn ihr eine von ihnen heiraten wollt, dann wartet! Erst sollen sie ihre Aufgabe erfüllen."

Jetzt nimmt der Bischof eins der Mädchen, die in der ersten Reihe vor ihm stehen, zu sich auf die Stufen vor dem Eingang. Es ist etwa zehn Jahre alt und schaut sichtlich stolz in die Runde.

„Hört noch einmal zu, ihr Krieger! Dieses Kind soll in die Schule gehen. Es soll lernen, genau wie die Jungen hier. Also, Hände weg von diesem Mädchen! Sagt euch nicht: Ich werde sie schwanger machen, und dann kann ich sie heiraten. Nein! Sie wird auch noch die Secondary School machen und dann Ärztin werden oder Anwältin. Und auch wenn eins von diesen Mädchen schwanger wird: Dann wird es sein Kind bekommen und trotzdem weiter zur Schule gehen! Ihr werdet es nicht davon abbringen."

Im Publikum ist eine ganze Reihe grinsender Gesichter zu sehen.

„Wisst ihr eigentlich, wie gesegnet ihr seid!?", fährt der Bischof fort. „In dieser Schule können zweihundert Kinder unterrichtet werden. Mehr fasst sie nicht. Man kann nur die Speise verteilen, die man hat. Wenn dein Kind also einen Platz bekommen hat, dann danke Gott. Und wenn es keinen Platz bekommen hat – dann danke Gott auch. Sei nicht neidisch. Die Zeiten ändern sich, bald werden hier mehr als vierhundert Kinder lernen. Früher haben wir Kühe und ein Stück Land vererbt, jetzt ist es die Bildung, die wir unseren Kindern geben können. Dankt Gott dafür!"

Die Rede hat ein abruptes Ende genommen. Das Publikum, das inzwischen in der prallen Mittagssonne steht, nimmt es erstaunt und dankbar zur Kenntnis. Der Bischof hebt seinen Stab und segnet die Anwesenden. Dann zieht er das Tuch von der Tafel, und schon singen die Schulkinder ein Lied, das manchem deutschen Gast das Herz aufgehen lässt: „Yesu anawapenda watoto wote" – „Jesus liebt alle Kinder, alle Kinder auf der Welt", während die Festtagsgemeinde – Prominenz voran – in die Schule einzieht.

10

Ist Mission nicht Unsinn?

Was soll Mission? Ist es nicht verrückt, dass Leute in die Ferne ziehen, in fremde Kulturen einbrechen, um den Menschen dort ihre Weltanschauung anzupreisen? Sollten sie nicht besser zu Hause bleiben und sich um ihre eigenen Probleme kümmern? Kann man nicht zumindest die wenigen Völker einfach in Ruhe lassen, die tatsächlich noch „fern von der Welt" leben, in einer Kultur, die sozusagen noch „im Originalzustand" ist?

Wenn man in der warmen Wohnstube sitzt, stellt man sich manchmal solche Fragen. Im Fernsehen sieht man die schönen Körper bunt geschmückter Afrikaner, die ihre fröhlichen oder auch etwas unheimlich wirkenden Tänze vollführen. Toll sieht das aus. Fremd, aber auch faszinierend. Warum sollte man Menschen wie diese mit westlicher Kultur und Religion behelligen? Wenn die Tanzszene vorbei ist und es weitergeht mit grässlichen Bildern aus dem Sudan oder aus Somalia – hat man die vor fünf, zehn oder zwanzig Jahren nicht alle schon einmal gesehen? –, dann nimmt man seufzend die Fernbedienung und zappt hinüber zu unserer Welt. Vertraut, manchmal banal, aber wenigstens etwas, das zu Chips und Cola passt und einem nicht die Erdnüsse im Hals stecken bleiben lässt.

Vielleicht gab es früher verschiedene Welten. Heute gibt es nur noch eine. Der fröhliche Tänzer könnte schon in einer Woche in Spanien Asyl beantragen. Er hat sich sein Tanzen vom deutschen Filmteam bezahlen lassen. Das Geld könnte gerade für die Fahrt in die Stadt reichen. Von dort will er ans Meer reisen, und dort soll es Boote geben ... Der Regisseur und die Kameraleute waren begeistert von seinem Temperament und seiner Körperkraft. Und er war begeistert von ihren Schuhen, ihren Uhren, ihren Handys, ihrem Landrover ... Soll er verhungernde Kühe hüten, wenn er mit seinen kräftigen Händen in der westlichen Welt arbeiten und sich all das selbst verdienen kann?

Das Lieblingsgetränk der „völlig abgeschieden lebenden" alten Dame mit dem verwitterten Gesicht ist Coca Cola. Sie hat ihren Kral noch nie verlassen. Aber das war auch nicht nötig. Die Cola-Missionare sind zu ihr gekommen. Seit fast zehn Jahren kann man im Duka, dem kleinen Laden in der Nähe, Soda kaufen. So heißt dort alles, was in Flaschen abgefüllt ist und süß schmeckt. Nichts gegen den traditionellen Tee, aber diese Cola schmeckt einfach himmlisch!

Wenn der Vater abends in der Steppe seinem Sohn beibringt, welche Sternbilder es gibt und wie sie heißen, dann muss er ihm auch erklären, was die hellen Punkte sind, die über den Himmel ziehen: Jeden Abend um halb zehn steuert der KLM-Flieger den Kilimanjaro Airport an. Das ist der helle Punkt, der schon recht tief seine Bahn zieht. Die hohen, kleineren sind die Flugzeuge, die von Johannesburg aus über ganz Afrika in den Norden fliegen. Soll er wütend werden, wenn der kleine Junge davon träumt, selbst einmal in so einem Flugzeug zu sitzen? Aber nicht als Passagier. In dem kleinen Knirps weckt dieses Bild buchstäblich hochfliegende Pläne. Und natürlich träumt er einen Traum, den sein Vater noch gar nicht träumen konnte: Er möchte, wenn er groß ist, diesen Riesenvogel als Pilot selber steuern! Das verbindet ihn mit fast allen kleinen Knirpsen dieser Welt.

Muss der Vater, um die eigene Kultur zu erhalten, diesen Traum verhindern? Hätte er seinem Sohn gar nicht von den großen Stahlvögeln erzählen dürfen? So aber steht der Kleine staunend da und weiß, dass da oben Wazungu Fernsehen gucken und Kaffee trinken, während sie über den Wolken schweben, ohne sich auch nur im Geringsten anzustrengen.

Der junge Krieger, der abseits des Boma im Lager der Morani dieselben „Sterne" betrachtet, glaubt, dass er unverwundbar ist, jung und von einer Gesundheit, die ihm nichts und niemand rauben kann. Dabei hat er neulich in der Stadt eine Prostituierte besucht. Jetzt ist der Aids-Virus in ihm. Er weiß es nicht und glaubt, in einer abgeschotteten Welt zu leben, die ihren eigenen Gesetzen gehorcht und die ihn immun macht. Die Geschichten, die man in der Stadt von dieser schrecklichen Krankheit erzählt, sind doch Ammenmärchen! Oder sie handeln von einer Krankheit, die nur Suaheli bekommen können, aber niemals Massai. Mit ihm haben sie auf jeden Fall nichts zu tun. Vielleicht stimmt ja sogar ein schier unglaubliches Gerücht: Die Wazungu haben die ganze Aids-Geschichte erfunden, um den Afrikanern ihre teuren Tabletten verkaufen zu können. Das wäre wirklich dreist.

Der junge Krieger lebt in der *einen* Welt und weiß es nicht. Und doch wird er in den nächsten Jahren den Virus an ungezählte junge Mädchen und später an seine Frauen und seine Kinder weitergeben. Hätte ihm jemand den Weg in die Stadt versperren müssen? Wer wollte denn einen jungen Mann bevormunden, der die Welt kennenlernen möchte? So aber wird er Opfer einer Epidemie, die keinen Winkel der Welt verschont, und reißt ein ganzes Boma, wenn nicht eine ganze Gegend mit ins Leid.

Lukas dagegen ist ein „Opfer" von Mission. Und auch seine Eltern waren es schon. Deshalb trägt er auch drei Namen, die ihn alle gleichermaßen mit Stolz erfüllen: Tataya Hajiri bedeutet „einer, der reich ist". Enkosheke Papa heißt „Magen unseres Vaters" und beschreibt, wie innig das Verhältnis dieses Kindes zu seinem Vater ist. Und Lukas ist der biblische Name, den er bei seiner Taufe bekommen hat. Lukas der Apostel war Arzt, und auch Lukas der Massai träumt davon, einmal in einem anspruchsvollen akademischen Beruf zu arbeiten. Lehrer möchte er werden, und wenn seine Träume sich erfüllen, wird er eines Tages nicht nur an einer Schule, sondern an der Universität von Daressalam unterrichten.

Lukas' Vater kommt aus einem Boma nahe der Vogelschlucht, dem Ort, an dem Michael Grzimek 1959 bei den Dreharbeiten zu „Serengeti darf nicht sterben" tödlich verunglückte. Der junge Ziegenhirte beobachtete, wie ein Geier mit dem Flugzeug kollidierte. Es geriet ins Trudeln und stürzte ab. Lukas' Vater rannte zur Unglücksstelle, aber dem Piloten konnte niemand mehr helfen. Der Hirte nahm sich ein Teil des zebrafarben angestrichenen Blechs. Viele Jahre später überreichte er es Sister Angelika als Geschenk.

Als Lukas geboren wurde, hatten seine Eltern noch keinen festen Wohnsitz, sondern zogen als Halbnomaden durch die Steppe: Die Frauen der Familie bauten die Hütten eines Boma und blieben dort, solange die Männer für ihr Vieh genügend Gras fanden. Wenn die Strecken zu weit wurden, die die Hirten und Herden auf der Suche nach Weideplätzen zurücklegen mussten, ließ die Familie das Boma hinter sich und zog weiter.

Lukas wurde unterwegs, beim Wechseln zwischen zwei Plätzen, nicht weit von Malambo geboren. Damals waren seine Eltern noch keine Christen, aber Lukas, ihr erstes Kind, profitierte schon von der Nähe einer Kirche und wurde als Säugling geimpft. Anders als andere Massai weiß er deshalb auch, wann er geboren ist: *21. November 1986 steht auf seinem Impfpass. Dass Impfungen tatsächlich schwere Krankheiten vermeiden, ja, sogar Leben retten können, glaubten damals noch längst nicht alle Massai. Viele hielten es für einen völlig unsinnigen Zauber und außerdem für eine freche Einmischung weißer Medizin in ihr traditionelles Leben. Aber Lukas' Eltern waren aufgeschlossene junge Leute, die selbst schon erfahren hatten, dass nicht alles schlecht ist, was von Weißen erfunden wurde. Soweit es ihr Nomadenleben zugelassen hatte, waren sie sogar einige Jahre zur Grundschule gegangen und hatten elementares Lesen, Schreiben und Rechnen gelernt. Jetzt erlebten sie, dass der kleine Lukas, der noch nicht Lukas hieß, weder Tuberkulose noch Diphtherie noch Masern bekam, sondern gesund blieb, wuchs und gedieh. Und als weitere Kinder geboren wurden – vier Töchter und ein Sohn –, ließen sie auch die impfen. Und taufen. Denn inzwischen hatte die Familie Kontakt zur lutherischen Kirche in Malambo gefunden, hatte das Evangelium gehört und angenommen und beschlossen, in der Nähe des Ortes sesshaft zu werden, um im Kontakt mit anderen Christen zu bleiben. So wurde auch Lukas getauft und bald darauf ein Schulkind. Er war schon zehn Jahre alt, als er das erste Mal auf einer Schulbank saß. In der kleinen staatlichen Grundschule drängten sich dicht neben, vor und hinter ihm etwa hundert andere Kinder. Hundert! Klein ist die staatliche Schule in Malambo nämlich bis heute nicht, weil sie wenige Schüler hätte, sondern weil sie wenige Klassen hat. Personalkosten sind bekanntlich der größte Posten bei jedem Unternehmen, und so spart man am besten an Lehrern, wenn man das Budget klein halten will oder muss. Hausaufgaben kontrollieren? Merken, ob das einzelne Kind mitkommt oder schon längst den Anschluss verpasst hat? Elterngespräche anberaumen? Das alles ist natürlich völlig unmöglich bei dieser Klassenstärke. Der Lehrer ist Dompteur und hat, genau wie der Dompteur im Zirkus, mit einem gravierenden Handicap zu kämpfen: Er spricht nicht die Sprache seiner „Dressurpferdchen". Die haben nämlich bis zum Schuleintritt nur Kimassai gesprochen, und er spricht nur Kisuaheli. Da heißt es pauken, pauken, pauken. Laut vorsprechen, die Klasse im Chor wiederholen lassen und dann diejenigen Schüler züchtigen, die Unsinn machen oder auch nur zum Fensterloch hinausgucken und vor sich hin träumen. Von Kühen, von Löwen oder auch von Mama. Die Jungen schlägt der Lehrer mit dem Stock auf das Hinterteil, die Mädchen auf die Hände. Genau, wie man es vor hundert Jahren in Deutschland auch gemacht hat.

Lukas ging nur zwei Jahre in diese Schule. Dann wurde er schon wieder „Missionsopfer": 1999 lernte er Angelika bei einem ihrer Besuche in Malambo kennen. Die hatte soeben das Internat in Kwa Ngulelo gegründet. Steppenkinder sollten eine gute Schulausbildung bekommen, auch wenn sie dafür einige Monate des Jahres fern von der Familie leben müssten. Der freundliche und intelligente Lukas fiel Angelika auf. Ein Zweitklässler, der fast dreizehn Jahre alt war – in Malambo keine Seltenheit. Man geht eben in die Schule, wenn gerade nichts Wichtigeres ansteht. Dieser Junge war offensichtlich gelangweilt und unterfordert, aber er hatte sich seinen Wissensdurst bewahrt. Und weil die Eltern Christen waren und sich allem Neuen gegenüber aufgeschlossen zeigten, willigten sie ein, Lukas nach Kwa Ngulelo ziehen zu lassen. Und der freute sich riesig. Schon die Fahrt nach Arusha war ein Abenteuer: Wie kann es sein, dass ein Kasten auf Rädern sich beinahe genauso schnell bewegt wie eine Gazelle? Nicht so elegant, das muss man zuge-

Lukas

ben. Aber im Auto zu sitzen und die Geschwindigkeit zu spüren, die Kraft des Motors – Lukas war zutiefst ergriffen.

Und dann sah er einen Lastwagen mit Anhänger. „Guckt mal da hinten – der hat gekalbt!", rief er aufgeregt. „Das Auto zieht sein Junges hinter sich her!"

Am nächsten Tag stand Lukas zum ersten Mal in einer Stadt, vor ihm ein Gebäude aus Stein, mehrere Stockwerke hoch – und es brach nicht zusammen. Stürme, Platzregen, nichts kann so einem Haus etwas anhaben, hörte er. Er wollte es glauben, aber es ging einfach nicht in seinen Kopf.

Und dann Kwa Ngulelo: ein Bett, das er sich nur mit einem

anderen Jungen teilte. Und ein Tisch, an dem nach dem Essen die Hausaufgaben gemacht wurden. Da musste er das Heft nicht auf dem Schoß halten und aufpassen, dass die Ziege nicht an den Seiten knabberte. Und in der Schule: Lehrer, die Englisch konnten und wussten, wie man es den Kindern beibrachte. Und nur 40 Schüler in der Klasse. Lukas konnte das alles kaum fassen. Wochenlang wirkte er schüchtern, fast verängstigt. Aber dann wagte er sich zu freuen. Er war alt genug, um zu verstehen, welche unglaubliche Chance sich ihm bot, und er lernte mit Feuereifer. Ja, er vermisste seine Eltern, die Geschwister, die Wärme der Tiere und die Weite der Steppe. Er dachte jeden Tag an die Ferien, wenn er all das wiedersehen würde. Aber als er in den Ferien dann endlich zu Hause war, verstand er auch, wie schlecht seine Chancen stehen, in der Steppe ein gutes Leben zu führen. Was er in der Stadt gelernt hatte, machte ihm möglich, den Tatsachen ins Auge zu blicken: Die Trockenzeiten werden länger. Die Dürre nimmt zu. Die Steppe ernährt nicht mehr alle Rinder. Die Lebenserwartung der Menschen steigt – jedenfalls in den Regionen, in denen sich Aids noch nicht ausgebreitet hat. Die Säuglingssterblichkeit nimmt dank der Impfungen ab. Darüber kann man sich nur freuen. Aber in Zukunft werden nicht mehr alle satt werden, wenn die Massai an ihrer traditionellen Lebensweise festhalten. Schließlich hat die Bevölkerung der Massaisteppe sich in den letzten 25 Jahren fast verdoppelt. Dazu kommt, dass niemand für ihre Interessen eintritt, wenn die Massai es nicht selbst tun. Wer kämpft in Daressalam für ihre Landrechte? Wer sorgt dafür, dass der Serengeti-Tourismus auch denen Einkünfte bringt, denen doch dieser Teil Tansanias „gehört"? Niemand, wenn nicht sie selbst. Ein Analphabet wird das aber kaum bewerkstelligen. Und auch niemand, der meint, dass man am besten immer alles so lässt, wie es ist. Augen zu und durch. Verrückterweise nehmen gerade viele junge Leute diese Haltung ein. Vergnügte Morani, die sich durch nichts in ihrem Lebenswandel stören lassen wollen.

Lukas dagegen sieht die Dinge jetzt kritisch. Obwohl er weiß: Ein afrikanisches Kind ehrt seine Eltern dadurch, dass es alles genau so macht, wie sie es immer gemacht haben. Ein Kuhhirte wird dadurch geehrt, dass sein Sohn auch Kühe hütet. Eine Mutter wird dadurch gehrt, dass ihre Tochter die Hütte ganz genau so baut, wie sie es auch getan hat. Wer dagegen vom Vorbild abweicht, kritisiert damit seine Eltern. „Du hast es nicht gut gemacht!", lautet die unausgesprochene Botschaft. Und wer wagt es schon, seinen Eltern so etwas zu sagen?! Jeder Lebensstilwandel ist eine herbe Kritik, auch wenn sie ganz ohne Worte geschieht. Das weiß Lukas. Deshalb ändert sich in Malambo auch nichts von heute auf morgen. Entwicklung braucht Zeit, sehr viel Zeit. Zum Glück haben Afrikaner ja weit mehr Geduld als Europäer. Am besten denkt man jedoch gar nicht darüber nach, was passiert, wenn den Massai die nötige Zeit nicht bleibt, weil der Klimawandel zu schnell fortschreitet, weil Aids sich schneller als erwartet ausbreitet, weil Erdbeben und Vulkanausbrüche stärker und häufiger werden …

Dennoch blickt Lukas weniger sorgenvoll als zuversichtlich in die Zukunft. Das kann er zum einen, weil er ein echter Afrikaner ist. (Warum soll ich mir heute Sorgen machen wegen einer Sache, an die mich der morgige Tag schon noch erinnern wird?) Zum anderen ist es eine Frucht seines christlichen Glaubens. Während seine Altersgenossen in Malambo sich auf die Beschneidung vorbereitet haben, ist Lukas in Arusha zum Konfirmandenunterricht gegangen. Engai ist nicht nur der Gott der Massai, hat er da gelernt. Er ist viel mehr. Er ist der

Gott der ganzen Welt. Er hat alles geschaffen und hält diese Welt in seiner Hand. Nichts geschieht, wovon er nichts wüsste. Er ist kein unbekannter Gott, vor dessen Strafen und vor dessen Rache man Angst haben muss. Man wird ihn nie ganz kennen oder begreifen können. Aber man kann vieles über ihn wissen, weil sein Sohn, Jesus, auf der Erde gelebt hat. Gott ist wie Jesus: ein Freund, ein Arzt, ein Lehrer, einer, der zuhört und dann oft ganz anders antwortet und handelt, als die Menschen es erwarten. Lukas hat angefangen, mit ihm zu reden. Nicht nur beim Tischgebet oder bei der Abendandacht im Internat, sondern auch zwischendurch, wenn ihm etwas durch den Kopf geht, wenn er sich freut oder traurig ist. Besonders eindringlich gebetet, richtig zu Gott geschrien hat er auch schon. Das war zu Hause, in den Ferien. An einem Tag war er allein mit den Kühen, als er ganz in der Nähe Löwen brüllen hörte. Und ein anderes Mal ging ein Moran mit dem Speer auf ihn los. Nur um ihm zu zeigen, wer hier ein starker Steppenbewohner und wer bloß ein Weichei aus der Stadt ist. Beide Male hat Gott ihn vor dem Tod gerettet. Da ist sich Lukas sicher. Seit seiner Konfirmation hat er sogar eine Bibel. Es ist eine englische Bibel, und wenn er darin liest, trainiert er sein Englisch und seinen Glauben, und beide werden besser und stärker. So sieht er das. „Als Moran verschwendet man nur seine Zeit", sagt er zu Angelika. Seinen Kollegen in der Steppe sagt er das lieber nicht.

Aber Lukas, das „Missionsopfer", hat sich nicht einfach auf die Seite der Weißen geschlagen und angefangen, ihr Leben zu imitieren. Vor einiger Zeit hat er sich beschneiden lassen, ohne die traditionellen Riten, aber mit stundenlangen Tänzen und einem großen Essen im Boma. Auch Angelika und Jutta waren dabei. Eine Sache war allerdings anders als im Dorf üblich: Lukas hat sich eine Betäubungsspritze geben lassen.

Nicht gerade vor aller Augen, sondern in stiller Absprache mit den Gästen aus der Stadt. Warum auch nicht? Lukas ist jetzt 21 Jahre, er steht am Ende seiner Zeit in der Secondary School, und er sucht seinen eigenen Weg.

„Ich glaube, die Wazungu haben es schwerer als wir", sagt er im Rückblick auf die letzten Jahre. „Unsere Probleme bringen uns nämlich näher zu Gott. Wir lernen, auf ihn zu vertrauen, egal, was kommt. Den Wazungu-Christen steht fast alles, was sie brauchen, einfach zur Verfügung. Sie haben eine Regierung, die für sie sorgt, und wenn sie krank werden, zahlt ihre Versicherung die Arztkosten. Deshalb merken sie oft gar nicht, dass sie von Gott abhängig sind. Ich glaube, sie sehen auch die Dinge des Glaubens ganz anders als wir, obwohl wir ja an denselben Gott glauben. Es ist für sie nicht leicht, Gott wirklich zu vertrauen."

Dr. Morompi Ole Ronkei ist ebenfalls „Missionsopfer" und zugleich ein Mann, der das geschafft hat, was Lukas nur in seinen kühnsten Träumen zu hoffen wagt: Er ist Massai, Christ, promovierter Jurist, Mann einer einzigen Frau und Vater von zwei Mädchen und zwei Jungen. Irgendwann zwischen 1958 und 1961 ist er in Kenia geboren; da er weder einen Impfpass noch eine Taufurkunde aus dieser Zeit besitzt, weiß er das nicht so genau. Eine Missionsgesellschaft sorgte dafür, dass der Halbwaise mit etwa zehn Jahren eingeschult wurde. Sie erkannte seine Begabung, förderte den Besuch einer weiterführenden Schule und bahnte ihm schließlich den Weg zum Studium in den USA. Dort endete das Sponsoring, aber Ole Ronkei schlug sich mit allerhand Jobs durch und erarbeitete sich nicht nur die Kosten seines täglichen Lebens, sondern auch die Studiengebühren. Bis er eines Tages nicht mehr als Student, sondern als Dozent zur Universität ging. Doch als er diesen Karriere-Gipfel erreicht hatte, packte ihn das Heimweh. War er nicht immer noch durch und durch Afrikaner? Gehörte er nicht nach Hause, zu seinen Leuten? Zum Glück bot sich die Gelegenheit, an der Universität von Nairobi zu lehren. Und so kehrte Ole Ronkei nach Afrika zurück, wo er nach einigen Jahren Uni die Aufgabe fand, die ihn mehr als alles Bisherige ausfüllt: Seit zehn Jahren arbeitet er als Jurist bei einer internationalen Hilfsorganisation.

„Ihr Europäer seid wirklich lustig", sagt er im Gespräch. „Ich habe ja inzwischen viele von euch kennengelernt. Und gerade ihr Deutschen seid alte Romantiker. ‚Diese unverdorbenen Naturmenschen! Sie sollen unbedingt so bleiben, wie sie sind!' meint ihr. Unverdorben, na ja … Ich weiß nicht, ob es irgendwo unverdorbene Menschen gibt. Viele unserer althergebrachten Massai-Sitten sind jedenfalls alles andere als menschenfreundlich. Da muss man nur mal die Frauen fragen. Aber davon abgesehen: Stellt euch vor, wir würden so denken wie ihr: ‚Versteht doch, dass ihr eigentlich Germanen seid! Zieht doch wieder in eure Holzhäuser, mit den Tieren unter ein Dach! Das war doch viel schöner als das Leben in den modernen Großstädten. Das Christentum ist euch im Grunde doch fremd. Betet wieder Wotan und Donar an! Das ist die Religion, die zu euch passt. Alles andere haben euch doch diese Mittelmeerbewohner aufgeschwatzt.'"

Ole Ronkei lacht. „Das wäre doch verrückt, oder? Ihr meint es gut, ich weiß. Aber wir Massai hinken nun mal ein paar Jahrhunderte hinterher, ziemlich viele Jahrhunderte sogar. Doch die Welt ändert sich, sie wächst zusammen, und alles beschleunigt sich in einem atemberaubenden Tempo. Jetzt sind wir dran. Und wir lassen uns nicht einreden, unsere Hütten aus Kuhdung seien doch in Wirklichkeit viel schöner und besser als ein Haus aus Stein, in dem man bei Regen trocken bleibt. Ich bin ein Massai geblieben, und ich werde immer einer bleiben, auch wenn ich im Steinhaus wohne, einen Anzug trage und mit dem Handy telefoniere. Ich hätte mir zum Beispiel nicht vorstellen können, eine Frau zu heiraten, die keine Massai ist."

Wieder lacht Ole Ronkei. „Solche treuen Anhänger eines Stammes kennt ihr in Deutschland doch auch, oder? – Auf jeden Fall habe ich keine Angst vor der Zukunft. Ich habe höchstens Angst davor, dass wir Massai, wenn wir uns weiterhin stur stellen, in fünfzig Jahren wie die beinahe ausgestorbenen Nashörner im Zoo leben. Die Besucher stehen davor, schütteln den Kopf und sagen: ‚Ist ja unglaublich, dass es so was noch gibt!' Dann sind wir endgültig vom Schrecken der Steppe zur Attraktion im Reservat geworden."

Lukas und Ole Ronkei haben einander nie gesehen. Bisher stehen sie nur auf den Seiten dieses Buchs nebeneinander. Aber vielleicht zählen beide ja in zwanzig Jahren zu den Menschen, die das Leben der Massai zu einer lebenswerten Zukunft hin geöffnet haben.

11

Ein Tanz zum Abschied

Was macht ein Fest so richtig groß und wichtig? Die Menge an Grußworten bedeutender Redner! Das ist in Afrika nicht anders als in Deutschland. Nur dass in Afrika jeder Redner noch etwas bedeutender und sein Grußwort noch etwas länger ist als das seines Vorredners. In Malambo kommt erschwerend hinzu, dass alles dreisprachig vonstattengeht: Die Rede des Kisuaheli sprechenden District Officers wird auf Kimassai und Englisch übersetzt, die des Kimassai sprechenden Dorfältesten auf Kisuaheli und Englisch, die des deutschen Botschafters auf Kimassai und Kisuaheli …, und so vergeht Stunde um Stunde. Nicht dass jemand unter diesem Programm leiden würde. Jedenfalls kein Massai. Was hier passiert, ist immer noch hundertmal interessanter als das, was ein Nachmittag in der Steppe üblicherweise bietet. Und außerdem gehört es sich einfach so. Nur die chronisch ungeduldigen Wazungu rutschen auf ihren Klappstühlen herum, schauen verstohlen auf die Uhr, beruhigen den knurrenden Magen mit Kaugummi oder unterdrücken ein Gähnen. Die Sister gehört zu ihnen, daran haben auch fünfundzwanzig Jahre Afrika nichts geändert. Sie ist ein unruhiger Geist und in Gedanken schon fünf Reden und eine Mahlzeit weiter. Von ihrem Platz auf der Bühne aus kann sie aber wenigstens die Gäste beobachten. Da macht ein alter Krieger ein Nickerchen. Eine junge Schönheit aus der Stadt packt die Nagelfeile aus und beginnt mit der Maniküre. Zwei Schulkinder befreien sich von den schwarzen Schuhen, stecken die Socken hinein und strecken sich auf dem Boden aus. Eine Ziege, die Angelika sicher gleich als Geschenk bekommen wird, knabbert an der Deko. Die Rosen sind zwar schon etwas welk, schmecken aber offensichtlich immer noch vorzüglich … Es ist ein wunderschönes, entspanntes Bild, und über allem wehen bunte Kangas im Steppenwind, fantasievoll bedruckte Tücher, die von den Frauen des Dorfes in Schmetterlingsform gebunden und an Leinen über den Zuschauerbänken befestigt worden sind.

Doch dann kommt Leben in die mittagsmüde Menge: Singend und trommelnd zieht eine Schulklasse ein. Was die Kinder singen, klingt leicht und lustig, aber wer den Text versteht und die Verhältnisse in Malambo kennt, ahnt, dass es ein Revolutionslied ist: „Mein Papa hütet die Kühe, und ich gehe in die Schule!" Wenn das eines Tages nicht nur für einige wenige, sondern für alle Kinder wahr wird, dürfte es das Leben des Dorfs umkrempeln.

Die Wazungu applaudieren, die Massaifrauen zeigen ihre Begeisterung, indem sie laut die Zunge rollen. Es folgt ein Tanz der Lehrerinnen, die jubelnd Tücher schwingen. Jetzt, wo Große und Kleine wieder wach sind, nimmt der Lärmpegel zu. Was vorne auf der Bühne passiert, wird zweitrangig. Massaifrauen gehen durch die Reihen und beschenken die weißen Gäste mit selbst gefertigten Arm- und Fußringen, hängen ihnen Perlenkreuze um und bedauern, dass die Wazungu-Frauen nur so wenige und so kleine Ohrlöcher haben. Da kann man ja fast nichts dranhängen!

Die Kindergartenkinder singen das Heimatlied des Ngorongoro-Districts in abgewandelter Form: „Gott segne unsere Naserian School. Wir leben im Ngorongoro-District, sind aber bekannt bis in die Großstadt Arusha. Jeder will an unse-

re Schule." Und der District-Officer, der sich inzwischen die
Brille des Evangelisten geliehen und zum Zeichen seiner Bildung aufgesetzt hat, bekommt auch eine Ziege geschenkt. Er
bedankt sich mit einer gewagten politischen Forderung: Wer
nach Malambo reist, soll am Tor zur Serengeti von der Durch-
fahrgebühr befreit werden. Statt in die Staatskasse zu fließen,
soll das Geld der Schule zugutekommen.

Wer schon um fünf Uhr morgens auf Impala-Jagd war, wird
inzwischen von Kaffee-Fantasien verfolgt. Immerhin werden
jetzt Wasserflaschen an die Wazungu verteilt. Die Massai bekommen nichts und sind keineswegs beleidigt. Nur Babys und
Wazungu brauchen alle naslang was zu trinken.

Der Wind, der bis jetzt nur schwach, aber stetig geweht und
die Versammlung mit einer feinen, gleichmäßigen Staub-
schicht überzogen hat, nimmt zu. Er zerrt an den Säcken, die
als Dach zwischen den Wellblechwänden ausgespannt sind,
und übertönt fast den Gesang einer weiteren Schulklasse:
„Das Wissen ist in unser Land gekommen. Wir Massai müssen aufwachen!" Das Publikum jubelt. Noch eine Rede, ein
Massai-Männerchor, eine Geschenkübergabe – als der Wind
endgültig die Dachkonstruktion auseinandernimmt, ist der offizielle Teil des Festes vorbei, und alles strömt zum Büfett.

Die Speisung der Tausend geht überraschend einfach von-
statten: Jeder nimmt sich, was der Teller hält, und wenn nichts
mehr da ist, ist nichts mehr da. Die Frauen, die die unvorstell-
baren Mengen gekocht haben, scheinen ohnehin nicht mehr
hungrig zu sein und setzen sich mit Softdrink-Flaschen in den
Schatten. Für die jungen Krieger, die niemals mit der Masse
essen würden, geht das Fest jetzt erst richtig los. Schon während der Reden mussten sie davon abgehalten werden, mit
dem Tanzen zu beginnen. Aber jetzt dürfen sie endlich anfangen. Die festlich geschmückten Morani bilden einen Kreis

und singen ihre für westliche Ohren sehr fremd klingenden Lieder, während sie rhythmisch mit den Schultern zucken. Nach einer Weile löst sich einer von ihnen aus dem Kreis, tritt in die Mitte und beginnt, in die Höhe zu springen. Ein Zweiter macht es ihm nach, und die beiden springen um die Wette. Höher, noch ein bisschen höher, bis es wirklich nicht besser geht und die beiden in den Kreis zurücktreten. Jetzt sollen die Nächsten zeigen, was sie können. Natürlich geht es darum, die jungen Frauen zu beeindrucken, und die versammeln sich auch schon in ihrer Nähe. Sie kichern und machen kritische Kommentare – bis Angelika kommt.

„Hej, Mädels, das können wir auch!", ruft sie und bildet mit ihnen ebenfalls einen Kreis. Ein paar ältere Frauen und sogar einige Wazungu werden mit eingeschlossen, und schon fängt die Sister an, die Gesänge der Männer zu imitieren. Schließlich versucht sie mit einigen Frauen sogar, die berühmten Sprünge der Morani nachzumachen. Bis alle außer Puste sind oder sich vor Lachen den Bauch halten. Nur ein paar Frauen schielen etwas ängstlich zu den Morani. Darf man so etwas: die Männer nachmachen? Sind die stolzen Krieger jetzt vielleicht beleidigt? – Aber nein, die sehen nicht aus, als könnte heute irgendetwas sie in ihrer Ehre treffen. Jedenfalls nichts, was die Sister anzettelt. Die läuft doch außer Konkurrenz. Nicht Mann, nicht Frau. Lass sie ihren Spaß haben. Und doch scheinen Männer wie Frauen für einen Moment zu ahnen, dass sich in ihrem Verhältnis etwas zu ändern beginnt. Denn der Tanz der Frauen ist mehr als ein ausgelassenes Herumalbern. Ihr Männer seid stark und schön und wichtig, sagt er. Aber wir Frauen dürfen uns auch ruhig mal ein bisschen über euch lustig machen. Das wird unserer Beziehung nicht schaden. Im Gegenteil. – Noch eine Revolution, die Malambo verändern könnte.

Es gibt ein Leben nach dem Fest. Und das beginnt jetzt und duldet keinen Aufschub.

Noch sitzen die Gäste beim Kaffee im Schatten vor der Compound-Küche, da möchte eine junge Mutter ihren kleinen Sohn der Sister vorstellen. Er soll zur Schule gehen. Ganz sicher möchte er es auch selbst, sagt die Mutter. Er bringt bloß vor lauter Aufregung und Befangenheit keinen Ton heraus. Simba ist ein kleines, schmächtiges Kerlchen – wer ist bloß auf die Idee gekommen, ihn ausgerechnet „Löwe" zu nennen?

Was der Sechsjährige schon alles kann, sieht man ihm nicht an. Es ist für ein Steppenkind ja auch ganz normal, erfüllt einen Wazungu aber mit ungläubigem Staunen: Simba kann eine kreuz und quer laufende Herde von Ziegen zählen. Dabei kennt er keine Zahlen. Die braucht er dafür auch nicht – Menschen und Tiere darf man ohnehin nicht zählen. Man erfasst ihre Menge, ganz ohne Mathematikunterricht. Simba weiß einfach, ob eine Ziege fehlt und wie das fehlende Tier aussieht. Dann geht er auf die Suche. Und auch wenn der entlaufene Bock größer und stärker als er selbst ist – Simba kennt die Tricks, mit denen man ihn dennoch einfangen kann. Und er schafft es, das widerspenstige Tier am Strick zurück zur Herde zu zerren, ganz ohne Sportunterricht. Wenn eine Ziege krank ist, weiß er, welche Kräuter ihr guttun, ganz ohne Biologieunterricht. Und doch soll Simba zur Schule gehen. Denn was jahrhundertelang reichte, um ein genügsames, gutes Leben zu führen, kann im modernen Tansania in die persönliche Katastrophe führen. Simba soll nicht als Nachtwächter an einer Tankstelle in Arusha landen, weil seine Kühe ihn nicht mehr ernähren und er als Analphabet keine andere Anstellung findet.

„Ich notiere mir deinen Wunsch", sagt Angelika zu seiner Mutter. „Versprechen kann ich leider nichts. Du hast ja gehört, dass wir nicht für alle einen Platz haben. – Simba, darf Jutta schon mal ein Foto von dir machen?"

Simba weiß nicht, was ein Foto ist. Aber einige Wochen später wird sein Bild auf dem Schirm eines Apparats, den er auch nicht kennt, einen Spender siebentausend Kilometer von Malambo entfernt dazu bewegen, sein Schulgeld zu bezahlen.

Hinter dem Küchenhaus zerlegt Markus die Impala. Sie ist für das Festessen nicht benötigt worden. Jetzt soll sie für alle, die über Nacht bleiben, ein leckeres Abendessen abgeben. Leider sind die Innereien voller Würmer. Aber das Muskelfleisch sieht sehr gut aus. Und der schöne Kopf, der daneben liegt, ist für unerschrockene Wazungu ein beeindruckendes Fotomotiv. Diese gewaltigen Hörner, und dahinter die untergehende Sonne …

Bis die Fleischstücke über dem Feuer garen, ist es finstere Nacht. Angelika und Kira sitzen nah an der Feuerstelle.

„Und? Bist du glücklich?", fragt Kira die Sister.

„Glücklich bin ich, wenn ich gleich ein Stück von diesem wunderbaren Fleisch bekomme."

„Ich meine, ob du nach diesem Fest glücklich bist."

„Ach so … Klar! Und vor allem dankbar. Es hat keinen Sturm gegeben. Es ist niemand auf dem Weg verunglückt. Es gab noch nicht mal größere Pannen. Kein Kind ist ins Feuer gefallen. Der Wind hat die Wellblechwände nicht ins Publikum gefegt. Kein Gast lag mit Malaria im Zelt. Nicht einmal mit Durchfall. Das ist für Afrika schon nicht mehr ganz normal."

Der Wind dreht, und die Frauen sitzen in einer Rauchwolke. Aber auch mitten im würzigen Bratenduft.

„Ehrlich gesagt, denke ich schon an morgen. Und übermorgen. Wir müssen mit dem Internat umziehen, Kwa Ngulelo wird zu klein. Ich will endlich diese zwei Autos vom Zoll loseisen. Und hier in Malambo brauchen wir einen Schulleiter, der die Lehrer, die wir haben, anleiten und weiterbilden kann."

„Und ich dachte, in Afrika genießt man immer den Augenblick." Kira klingt etwas enttäuscht.

„Tu ich doch. Ich sitze schon zehn Minuten auf einer Stelle, ohne aufzuspringen und irgendwas zu erledigen. – Meinst du, dieses kleine Stück da ist schon gar?"

„Die Bibel beschreibt den Himmel als einen Festsaal, in dem ein riesiges Fest gefeiert wird. Ein Fest, das nie aufhört ..." Kira will beim romantischen Abschluss dieses wichtigen Tages nicht über banale Themen reden.

„Jaaa ..." Angelika spricht schon mit vollem Mund. „Da freue ich mich auch schon drauf. Besonders, weil ich nichts mit der Organisation zu tun habe. Ich komme an, und alles ist schon vorbereitet ... Aber jetzt entschuldige mich, ich will noch ein paar Gästen danken und Tschüß sagen. – Gott befohlen, ihr Lieben! Safari njema!"

Was bedeutet ...?

Bantu heißt in vielen afrikanischen Sprachen: Menschen. Es ist eine Sammelbezeichnung für über 400 Volksgruppen in Schwarzafrika, deren Kulturen und Sprachen miteinander verwandt sind. Massai sind im Gegensatz zu allen anderen Volksgruppen in Tansania keine Bantu. Wenn Massai „die Bantu" oder „die Swahili" sagen, meinen sie einfach „die anderen", „die Nicht-Massai".

Boma nennt man bei den Massai, was in anderen Gegenden Afrikas Kral heißt: Hütten aus Lehm und getrocknetem Kuhdung bilden um einen Platz ein großes Oval. Eine große Dornenhecke umgibt das Boma und schützt Menschen und Vieh vor wilden Tieren. Innerhalb des Boma ist ein großer Platz durch eine zweite Dornenhecke abgetrennt. Hier übernachtet das Vieh: Ziegenböcke mit weiblichen Schafen, durch Dornen getrennt von den weiblichen Ziegen, die zur Nacht mit den Schafsböcken zusammengepfercht werden. Wenn die Kühe nicht gerade unterwegs sind, werden sie abends ebenfalls in den „Dornenstall" getrieben.

In den Hütten des Boma wohnen die Frauen und Kinder von zwei oder drei Männern, die oft miteinander verwandt sind. Mal ist es ein alter Krieger, der mit seinen Söhnen ein Boma teilt, mal sind es Brüder oder Freunde, die zusammenziehen. Jede Frau bewohnt mit ihren Kindern eine eigene Hütte, die sie selbst gebaut hat. Die Männer haben keine eigene Hütte, sondern übernachten im Wechsel in den Hütten ihrer Frauen. Mehrere benachbarte Boma können wie in Malambo ein Dorf bilden. Manche Boma stehen jedoch auch fernab von anderen Siedlungen.

Bwana heißt „Herr" auf Kisuaheli. In der Kolonialzeit redeten die Afrikaner alle weißen Männer mit „Bwana" an.

Dalladalla nennt man in Ostafrika Kleinbusse, die hauptsäch-
lich innerhalb der Städte fahren und so etwas wie Linienver-
kehr bieten. Ein Dalladalla fährt im Allgemeinen los, wenn er
voll ist, das heißt, wenn selbst ein Kleinkind beim besten Willen nicht mehr durchs Fenster hineingestopft werden kann.

„Hakuna matata!" ist ein Ausspruch auf Kisuaheli, den man
vor allem in Kenia häufig hört, und bedeutet: „Keine Sorge!",
neudeutsch: „Don't worry!". Spätestens durch das Musical
„König der Löwen" ist er auch in Deutschland populär geworden.

Laiboni bedeutet: Heiler, Zauberer, Ratgeber, Prophet. Er
gilt in der Praxis als Stellvertreter Gottes im Dorf. Traditionell werden dem Laiboni übersinnliche Kräfte und die Fähig-
keit, Gedanken zu lesen, zugeschrieben, was ihn zu einem
gefürchteten Mann macht. Das Amt des Laiboni ist erblich,
seine Geheimnisse werden vom Vater auf den Sohn weitergegeben. Wer den Laiboni um Rat fragt, zahlt für dessen
Dienste mit Geld oder Naturalien, was ihn außerdem zu
einem der reichsten Männer im Dorf macht.

Lorry ist eigentlich Englisch und heißt „Lastwagen", wird von
Massai und Bantu aber durch das kräftig gerollte R zu einem
Wort in ihrer eigenen Sprache gemacht.

Meru heißt der „kleine Bruder des Kilimandscharo", ein Berg,
der mit seinen 4562 Metern Höhe aber alles andere als klein
ist. Bevölkert werden die Hänge des Meru von einem Volk,

das ebenfalls Meru heißt, und von Waarusha, deren Vorfahren Massai sind.

Mobile Clinic ist nicht etwa ein rollendes Krankenhaus. Als „Clinic" bezeichnet man in Entwicklungsländern vielmehr alles, was in einem Arztkoffer Platz hat. Mobil ist diese „Clinic" zum Beispiel, wenn eine Krankenschwester mit entsprechender Ausrüstung durch die Steppe fährt, um Schwangere zu untersuchen und Kranke zu behandeln.

Morani heißen bei den Massai die jungen Männer zwischen ihrer Beschneidung mit etwa 15 Jahren und ihrer Heirat mit etwa 25 bis 30 Jahren. Ein einzelner junger Krieger heißt Moran.

Mzungu/Wazungu ist Kisuaheli und heißt „Europäer". Meist werden jedoch alle Weißen als Wazungu bezeichnet. Das Wort kommt nämlich von „kuzunguka": unterwegs sein. Und die Weißen sind ja für ihr rastloses Herumreisen bekannt. Mzungu ist die Einzahl, Wazungu die Mehrzahl.

Pancha kommt vom englischen Wort „puncture" und heißt Platten/Reifenpanne.

Safari ist Kisuaheli und bedeutet „Reise", nicht etwa Großwildjagd. Auch wenn man in die zehn Kilometer entfernte Stadt fährt, ist das eine Safari. „Safari njema!" heißt „Gute Reise!"

Swahili ist eigentlich die Bezeichnung für die Bevölkerung an der Küste und auf Sansibar, die ursprünglich arabisch war und bis heute überwiegend muslimisch ist. Die Massai bezeichnen jedoch alle Nicht-Massai oft pauschal als Swahili, und das ist meist abwertend gemeint. Kisuaheli ist die Sprache die Swahili. Seit Tansania 1961 unabhängig wurde, ist es erste Amts- und Verkehrssprache. Die zweite ist Englisch.

Ugali ist ein fester, puddingartiger Brei aus Maismehl und Wasser und das Grundnahrungsmittel in Tansania und Kenia.

Und wie spricht man all die unbekannten Wörter aus?
Die Faustregel heißt: Wörter aus dem Kisuaheli werden auf der vorletzten Silbe betont, also: hakúna matáta. Wörter aus dem Kimassai werden auf der letzten Silbe betont, also: Loserián. Das erklärt auch, warum manche Leute Mássai sagen, mit Betonung auf der ersten Silbe, und andere Massái, mit der Betonung am Ende.

Ansonsten gilt: Immer so, wie man's schreibt! Es war nämlich ein Deutscher, genauer: ein schwäbischer Missionar, der das Kisuaheli, das ursprünglich mit arabischen Buchstaben geschrieben wurde, im 19. Jahrhundert mit lateinischen Buchstaben umschrieb und sich dabei natürlich an seiner Muttersprache orientierte. Bis auf das W, das im Deutschen so nicht vorkommt und wie das englische W gesprochen wird. Also Wazungu, mit W wie „water".

Und noch etwas: Massai leben im Süden Kenias und im Norden Tansanias. Die Grenzziehung der Kolonialherrscher hat ihr Gebiet zwei verschiedenen Staaten zugeordnet. Alle Massai sprechen jedoch eine Sprache, wenn auch mit unterschiedlichen regionalen Einfärbungen. Sie selbst nennen ihre Sprache Maa. Auf Kisuaheli heißt sie Kimassai. Es ist eine nilotische Sprache, das heißt, sie ist mit Sprachen verwandt, die am Nil lebende oder vom Nil stammende Völker sprechen. Mit Kisuaheli, der Handelssprache Ostafrikas, hat Kimassai nur ganz wenige (Lehn-)Wörter gemeinsam, die oft aus dem Englischen kommen. „Die weiße Massai", Corinne Hofmann, hat übrigens nicht bei den kenianischen Massai, sondern bei den Samburu gelebt, einer Volksgruppe, deren Kultur der der Massai sehr ähnlich ist.

Die Autorin

Hanna Schott, 1959 in Augsburg geboren, machte eine Ausbildung zur Buchhändlerin und studierte dann Musikwissenschaft, Romanistik und Theologie in Marburg, Freiburg und Heidelberg. Nach Jahren als Verlagslektorin arbeitet sie heute als leitende Redakteurin der Zeitschrift „Psychotherapie und Seelsorge" und schreibt eigene Bücher. Sie hat zwei erwachsene Töchter und lebt in Haan/Rheinland.

Weitere Informationen zur Arbeit von Angelika Wohlenberg, zu den Massai in Tansania und zum Patenschaftsprogramm von „Help for the Massai" finden Sie unter: www.massai.org

Fotonachweis:

Archiv der Leipziger Mission: S. 117, 119, 122

Heidi Burkandt-Kilian: BILDTAFEL VII (oben)

Heinz Fett: BILDTAFEL III (unten)

Reinhard Nacke: BILDTAFEL XI (unten), XV (unten)

Jutta Roedig: S. 79, 107, 135, 154

Christiane Rump: BILDTAFEL VI (oben links)

Hanna Schott: BILDTAFEL IV (oben), VIII (oben), X, XI (oben), XII (unten)

Christoph Sörensen: S. 15, 131, BILDTAFEL I, VII (unten), VIII (unten)

Jan-Philipp Strelow: S. 141, BILDTAFEL II, IV (unten), V, VI (oben rechts), IX, XIV, XV (oben), XVI (oben)

Stephan Vorbrugg aus © 2007 aus dem Film „Mama Massai. Sister Angelika und die Verlorenen Krieger": S. 35, 104, BILDTAFEL III (oben), XII (oben), XIII, XVI (unten)

Angelika Wohlenberg: S. 21, BILDTAFEL VI (unten)

Von derselben Autorin

Mama Massai

Angelika Wohlenberg –
die wilde Heilige der Steppe

192 Seiten
gebunden
mit farbigen Bildtafeln
ISBN 978-3-7655-1938-3

Mit acht Jahren kann Angelika Wohlenberg nicht stillsitzen. Mit sechzehn will sie nicht länger zur Schule gehen, sondern „Seemann" oder Lkw-Fahrerin werden. Mit siebenundzwanzig fährt sie mit dem Motorrad durch die Massaisteppe, ausgerüstet mit einem Zelt und einem Hebammenkoffer. Die Massai sind am Anfang nicht gerade begeistert von ihrer Anwesenheit, aber Angelika weiß, dass sie genau dort ist, wo sie hingehört: Hier bei den Massai beginnt für Angelika eine abenteuerliche Geschichte, die bis heute andauert und das Leben aller Beteiligten nachhaltig verändert hat.

Der Bestseller „Mama Massai" von Hanna Schott ist auch als Hörbuch erhältlich.
Gelesen von Andreas Malessa
Laufzeit: 150 Minuten, 3 CDs
ISBN 978-3-7655-8729-0

BRUNNEN VERLAG GIESSEN
www.brunnen-verlag.de

DVD

Mama Massai –
Sister Angelika und die verlorenen Krieger
Dokumentarfilm von Johannes Rosenstein

Sprache: Deutsch, Englisch
Laufzeit: ca. 68 Minuten
ISBN 978-3-7655-8526-5

Über einen Monat lang hat ein Kamerateam der Münchner Filmhochschule Angelika Wohlenberg bei ihrer Arbeit in Tansania und in Deutschland begleitet. Diese im Auftrag des ZDF gedrehte faszinierende Dokumentation zeigt, unter welchen Bedingungen sie in Afrika arbeitet und warum gerade sie als Deutsche seit 25 Jahren unter den Massai lebt.

Der Regisseur Johannes Rosenstein ist in Deutschland, England, Kenia und Tansania aufgewachsen. Schon als Zivildienstleistender in Frankreich und Belgien drehte er Kurzfilme und Dokumentationen. Er studierte an der Freien Universität Berlin Filmwissenschaften, Politologie und Soziologie, bevor er sein Studium an der Hochschule für Fernsehen und Film München (Dokumentarfilm/ Fernsehpublizistik) begann. Er arbeitete als Assistent bei TV- und Kinoproduktionen mit, unterrichtet an der LMU München und veröffentlichte das Buch „Die schwarze Leinwand. Afrikanisches Kino der Gegenwart". „Mama Massai" ist sein dritter Film an der Filmhochschule München.

BRUNNEN VERLAG GIESSEN
www.brunnen-verlag.de